张国文 —— 编著

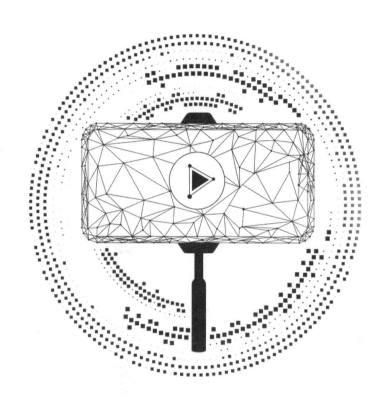

玩赚直播

Profit from Live-streaming

主播修炼+文案台词+成交话术+带货卖货

清华大学出版社
北京

内容简介

主播应具备的最重要的能力是什么？具体要点有哪些？文案如何写？

高成交率、高转化率有什么秘密？成交与带货的技能是什么？

以上这些问题，你都能在本书中找到答案！学会本书内容，即便是直播小白，也能快速玩赚直播！

作者从培养主播、提炼技能、吸粉引流、商业变现、爆款标题、吸睛内容、语言能力、营销话术、带货平台、直播营销、直播种草、直播卖货12个角度，对直播销售实战的相关内容进行了全面的解读，帮助大家快速玩赚直播销售！

本书适合对直播感兴趣的人群，特别是想成为网红的主播，想提升成交话术和带货卖货能力的主播阅读，也可作为想培训主播、提高文案能力的相关直播机构或学校的教学使用书籍。

本书封面贴有清华大学出版社防伪标签，无标签者不得销售。

版权所有，侵权必究。举报：010-62782989，beiqinquan@tup.tsinghua.edu.cn。

图书在版编目(CIP)数据

玩赚直播：主播修炼＋文案台词＋成交话术＋带货卖货 / 张国文编著 . —北京：清华大学出版社，2021.8（2023.8 重印）

（新时代·营销新理念）

ISBN 978-7-302-57295-4

Ⅰ.①玩… Ⅱ.①张… Ⅲ.①网络营销 Ⅳ.① F713.365.2

中国版本图书馆 CIP 数据核字 (2021) 第 006538 号

责任编辑：刘　洋
封面设计：徐　超
版式设计：方加青
责任校对：王荣静
责任印制：丛怀宇

出版发行：清华大学出版社

网　　址：http://www.tup.com.cn，http://www.wqbook.com
地　　址：北京清华大学学研大厦 A 座　　邮　编：100084
社 总 机：010-83470000　　邮　购：010-62786544
投稿与读者服务：010-62776969，c-service@tup.tsinghua.edu.cn
质 量 反 馈：010-62772015，zhiliang@tup.tsinghua.edu.cn

印 装 者：三河市东方印刷有限公司

经　　销：全国新华书店

开　　本：170mm×240mm　　印　张：17.5　　字　数：283 千字

版　　次：2021 年 8 月第 1 版　　印　次：2023 年 8 月第 4 次印刷

定　　价：79.00 元

———————————————————————————————

产品编号：087824-01

前言
PREFACE

开启直播新时代

最初的时候，笔者因为一次偶然的机会，开通了某平台的直播。当时只是抱着试一试的心态，也不知道该说什么，索性边吃着宵夜边进行直播，没想到竟然有人给我打赏。当时觉得很诧异，没想到只是对自己的日常生活进行简单记录，也能赚钱。

对着手机镜头记录生活就能够赚钱，那么为什么不好好利用它呢？现在互联网发展如此迅速，手机已经成为人们生活中不可缺少的工具，也为直播的发展带来了契机。

本书内容共分为四篇：第一篇为主播修炼，主要讲述了主播培养、主播技能提升、吸粉引流、商业变现等；第二篇为文案台词，例如如何选择直播间标题、如何设置吸金的直播内容等；第三篇为成交话术，主要讲述语言能力的提高方法以及常见的营销话术类型；第四篇是带货卖货，主要讲述直播带货渠道的分享以及直播营销、直播"种草"、直播卖货的一些万能公式。

本书涵盖了十二大专题精讲，具有以下三大特色。

（1）**内容详细，体系完整**。这是一本具有系统性的、能让读者深入学习直播带货技能的书。直播"小白"看完本书就会直播带货，知道自己应该如何优化引流、打造爆款。购买本书，会让您快速成为专业的销售主播。

（2）**技巧全面，招招干货**。本书精选了直播销售成交话术以及常用的带货引流技巧，这些均针对实际的直播销售现状进行分析，同时还提供了直播时的各种其他销售技巧。这些技巧招招都是干货，全面吸收了，你就能完成从新手入门到了解直播到学会直播再到精通直播的进阶。

（3）**带货引流技巧，案例精讲**。本书最后六章详细介绍了提高直播成交率的各类话术，以及直播的带货技巧，使带货产品呈现最化大的价值，帮助主播们用优质的产品获得粉丝的心。帮助读者快速成为热门的带货主播。

最后，非常感谢购买这本书的朋友，希望这本书可以帮助想要进行直播带货的你，并且为你的直播间保驾护航，让你的带货之路畅通无阻！由于作者知识水平有限，书中难免有疏漏之处，恳请广大读者批评、指正。

张国文

2021 年 4 月

目录
CONTENTS

▶ 主播修炼篇

第 1 章　培养主播：抓住创业新风口

1.1　选择类型：了解直播的三种类型　/　003
　　1.1.1　个人直播：选择个人擅长的领域　/　003
　　1.1.2　机构直播：建设优质的直播内容　/　005
　　1.1.3　团队直播：打造强劲的直播团队　/　005

1.2　经纪公司：连接平台与主播双方　/　007
　　1.2.1　规范运营：保证平台秩序　/　007
　　1.2.2　条件招聘：选择合适人员　/　008
　　1.2.3　流程培养：保证直播质量　/　010
　　1.2.4　约束签约：方便主播管理　/　012
　　1.2.5　适当舍弃：节约人力成本　/　013
　　1.2.6　利益分配：稳定主播数量　/　014

1.3　直播平台：选择直播开播渠道　/　016
　　1.3.1　传统平台：用才艺吸引观众　/　016
　　1.3.2　音频平台：用声音感动观众　/　017
　　1.3.3　短视频平台：用视觉惊艳观众　/　021
　　1.3.4　社交平台：用兴趣连接观众　/　021
　　1.3.5　电商平台：用商品价值满足观众　/　022

第2章 提升技能：成为众人的焦点

2.1 直播知识：帮助主播轻松直播 / 025
- 2.1.1 吸人眼球：打造视听盛宴 / 025
- 2.1.2 直播基础：熟悉直播技术 / 027
- 2.1.3 主播品质：懂得为人处世 / 028
- 2.1.4 直播选择：发挥自身特长 / 028
- 2.1.5 直播重点：坚守直播初心 / 028
- 2.1.6 主播必备：懂得推广自己 / 028
- 2.1.7 直播谨记：避免直播误区 / 029

2.2 个人要素：学习优秀主播要素 / 030
- 2.2.1 直播内容：打造优质内容 / 030
- 2.2.2 直播设备：选择合适设备 / 033
- 2.2.3 主播形象：包装完美形象 / 041
- 2.2.4 直播互动：巧妙进行互动 / 042

2.3 品牌IP：营造品牌影响力度 / 045
- 2.3.1 方法一：打造流量KOL / 045
- 2.3.2 方法二：确定角色人设 / 048
- 2.3.3 方法三：形成个人特点 / 050
- 2.3.4 方法四：包装个人品牌 / 052
- 2.3.5 方法五：掘金网红经济 / 054

第3章 吸粉引流：实力圈粉很轻松

3.1 多方式预告：增加直播间的热度 / 057
- 3.1.1 社交平台：最便捷的直播推广 / 057
- 3.1.2 口碑营销：低成本的高效推广 / 059
- 3.1.3 平台联盟：多个平台共同推广 / 061
- 3.1.4 线下活动：传统的推广方式 / 062

3.2 跨平台推广：联合多个平台助力 / 063
- 3.2.1 公众号引流：内容直抵粉丝 / 063
- 3.2.2 朋友圈引流：可信度更高 / 065

3.2.3　QQ引流：不容忽视的得力助手　/　067

　　　3.2.4　软文引流：低成本大效果　/　069

　　　3.2.5　微博引流：目标最大化　/　072

3.3　粉丝的运营：打造直播私域流量　/　074

　　　3.3.1　私域流量：汇聚众多直播粉丝　/　074

　　　3.3.2　公域流量：获得更多曝光机会　/　075

　　　3.3.3　用户转化：将用户转化为粉丝　/　075

　　　3.3.4　粉丝沉淀：粉丝的可持续变现　/　076

　　　3.3.5　粉丝召回：促使粉丝固定回访　/　076

第4章　商业变现：多元化盈利模式

4.1　直播变现：8种基本盈利方式　/　078

　　　4.1.1　粉丝打赏　/　078

　　　4.1.2　电商导购　/　081

　　　4.1.3　承接广告　/　082

　　　4.1.4　会员付费　/　083

　　　4.1.5　内容付费　/　085

　　　4.1.6　游戏付费　/　087

　　　4.1.7　版权发行　/　089

　　　4.1.8　企业赞助　/　089

4.2　变现策略：探讨直播的商业价值　/　090

　　　4.2.1　充分展现优势　/　090

　　　4.2.2　专注一个产品　/　091

　　　4.2.3　福利吸睛诱导　/　092

　　　4.2.4　体现物美价廉　/　093

　　　4.2.5　设悬念网人气　/　093

　　　4.2.6　产品多重对比　/　095

　　　4.2.7　融入场景表达　/　095

▶ 文案台词篇

第 5 章 爆款标题：勾起用户的兴趣

5.1 标题命名思路：展现特色的直播标题 / 099
　　5.1.1 经验分享：授之以"渔"型 / 099
　　5.1.2 专家讲解：利用专业权威性 / 100
　　5.1.3 问题提出：提高直播专业性 / 101
　　5.1.4 数字冲击：增强视觉冲击力 / 102
　　5.1.5 十大总结：提升范围影响力 / 104
　　5.1.6 同类比对：突出产品优势性 / 104
　　5.1.7 流行词汇：提高直播潮流性 / 105

5.2 命名规律：帮助主播提高直播热度 / 106
　　5.2.1 热词型：抓住用户注意力 / 106
　　5.2.2 借势型：强化传播影响力 / 112
　　5.2.3 数字型：标题更具说服力 / 117
　　5.2.4 提问型：巧妙调动好奇心 / 122
　　5.2.5 语言型：提升标题创意性 / 127

第 6 章 吸睛内容：有创意、有价值

6.1 直播形式：多种内容模式 / 132
　　6.1.1 秀场直播：才艺之秀 / 132
　　6.1.2 活动直播：企业销售 / 132
　　6.1.3 体育直播：实时赛事 / 133
　　6.1.4 游戏直播：竞技盈利 / 133
　　6.1.5 生活直播：与人分享 / 133
　　6.1.6 教育直播：经久不衰 / 134
　　6.1.7 二次元直播：ACG 文化 / 136
　　6.1.8 脱口秀直播：幽默搞笑 / 137

6.2 内容制作：打造优质内容 / 138
　　6.2.1 封面设计：抓人眼球 / 138

6.2.2　内容包装：增加曝光 / 141

　　6.2.3　故事攻心：情景打动 / 143

　　6.2.4　突出卖点：有侧重点 / 144

　　6.2.5　技术创新：直播升级 / 144

　　6.2.6　创新内容：创造新意 / 145

6.3　内容特质：差异化的运营 / 145

　　6.3.1　情感特质：情感融入 / 146

　　6.3.2　粉丝特质：力量变现 / 146

▶ 成交话术篇

第 7 章　语言能力：打造一流的口才

7.1　语言表达能力：提高直播节目质量 / 153

　　7.1.1　语言表达能力：确保观众的观看体验 / 153

　　7.1.2　幽默技巧：制造轻松的直播氛围 / 154

　　7.1.3　策划内容：保证直播过程流畅性 / 156

　　7.1.4　应对提问：加强直播间的互动性 / 159

　　7.1.5　活跃留言区：巩固粉丝的稳定性 / 159

7.2　学习聊天技能：让你的直播间嗨翻天 / 162

　　7.2.1　感恩心态：随时感谢观众 / 162

　　7.2.2　乐观积极：保持良好心态 / 163

　　7.2.3　换位思考：多为他人着想 / 165

　　7.2.4　低调直播：保持谦虚态度 / 165

　　7.2.5　把握尺度：懂得适可而止 / 166

7.3　语言销售能力：提高直播变现能力 / 167

　　7.3.1　提出问题：直击消费者的痛点、需求点 / 167

　　7.3.2　强调问题：尽可能强调被用户忽略的细节 / 168

　　7.3.3　引入产品：用产品解决前面提出的问题 / 168

　　7.3.4　提升高度：详细地讲解产品增附加值 / 169

　　7.3.5　降低门槛：击破消费者购买的心理防线 / 169

第8章 营销话术：提升说服力

8.1 套用模板：策划直播脚本 / 172
- 8.1.1 大纲：规划方案 / 173
- 8.1.2 策划：活动要点 / 175
- 8.1.3 产品：卖点展示 / 178

8.2 直播话术：新主播必须掌握 / 183
- 8.2.1 "介绍"法：一句话让消费者身临其境 / 183
- 8.2.2 "赞美"法：促使消费者开心爽快埋单 / 184
- 8.2.3 "强调"法：重要的直播间福利说三遍 / 185
- 8.2.4 示范法：主播替你把关请放心购买 / 185
- 8.2.5 限时法：增强直播间的紧张抢购气氛 / 187

8.3 常见问题解答示范：直播间卖货通用 / 188
- 8.3.1 问题1："××号宝贝试一下" / 188
- 8.3.2 问题2："主播多高多重" / 189
- 8.3.3 问题3："身高不高能穿吗" / 190
- 8.3.4 问题4："主播怎么不理人" / 190
- 8.3.5 问题5："××号宝贝多少钱" / 190

第9章 带货平台：直播的成交渠道

9.1 直播平台：展现惊人的销售能力 / 192
- 9.1.1 淘宝直播：全网最大的电商流量池 / 192
- 9.1.2 京东直播：自营商品质量更有保障 / 195
- 9.1.3 蘑菇街直播：服装和美妆垂直领域的先行者 / 200
- 9.1.4 拼多多直播：更大众化的直播内容 / 202
- 9.1.5 抖音直播：容纳更多形式的内容 / 203
- 9.1.6 快手直播：社交助力，打造强情感联结 / 206
- 9.1.7 今日头条直播：打造专业性的直播 / 208
- 9.1.8 微信直播：熟人社交，加强用户间的黏性 / 215

9.2 直播产品：直播带货的常见产品 / 220
- 9.2.1 服装类直播：打造时尚达人 / 220

9.2.2 美妆类直播：成为百变的女孩 / 221

9.2.3 母婴类直播：专为妈妈们定制 / 222

9.2.4 美食直播：最受吃货们喜爱 / 223

9.2.5 数码类直播：只为电子爱好者 / 224

▶ 带货卖货篇

第 10 章 直播营销：提高购买成交率

10.1 直播内容营销的要素：PGC、BGC 和 UGC / 229

    10.1.1 PGC：专业生产内容 / 229

    10.1.2 BGC：品牌生产内容 / 231

    10.1.3 UGC：用户生产内容 / 231

10.2 营销技巧：让直播间的客户无法拒绝你 / 232

    10.2.1 直播数据：多角度了解直播间 / 232

    10.2.2 守护主播：吸引和沉淀新粉丝 / 234

    10.2.3 固定开播：保持每日直播的节奏 / 235

    10.2.4 智能回复：快速响应粉丝要求 / 236

    10.2.5 直播看点：加强宝贝的关联性 / 238

第 11 章 直播"种草"：引导消费者决策

11.1 内容带货：玩转直播"种草" / 240

    11.1.1 从产品入手：用户偏爱的"种草"产品 / 240

    11.1.2 从主播入手：寻找高商业价值的达人主播 / 241

    11.1.3 从内容入手：直播形式内容制作形成"种草" / 244

11.2 "网红经济"：打造"网红产品" / 245

    11.2.1 发展"网红"模式：减少边际成本 / 245

    11.2.2 外部 KOL 合作：高转化率直播间 / 246

    11.2.3 内部 KOL 孵化：低成本直播宣传 / 247

    11.2.4 树立标签定位：加深产品印象 / 248

    11.2.5 信号传递模型：吸引消费人群 / 248

11.2.6 打造消费场景：产品的场景化 / 249

11.2.7 注重产品细节：细节决定成败 / 249

第12章　直播卖货：激发受众消费欲望

12.1 优质货源：高质量产品持续链接粉丝 / / 251

  12.1.1 商品受众用户分析：提高产品精准度 / 253

  12.1.2 商品本身特点分析：提升产品销售量 / 254

12.2 卖货技巧：帮助打造高转化率直播间 / 257

  12.2.1 亲密联系：主播成为粉丝的朋友或私人购物助手 / 257

  12.2.2 解决痛点：给观众一个"不得不买的理由" / 258

  12.2.3 介绍产品：直播带货卖点突出展现专业能力 / 260

12.3 大咖分析：学习借鉴热门主播常用技巧 / 261

  12.3.1 激情直播：全程保持亢奋状态 / 261

  12.3.2 饥饿营销：制造购买的紧迫感 / 262

  12.3.3 比较差价：强调你的价格优势 / 264

  12.3.4 直播复盘：突破直播能力法宝 / 264

主播修炼篇

第 1 章

培养主播：抓住创业新风口

本章分别介绍了直播的三部分内容：直播的类型、经纪公司、平台的多种渠道形式。第一部分是直播的类型，共具有三种：个人直播、机构直播以及团队直播；第二部分是经纪公司，从运营、招聘、培养、签约、舍弃、分配六个环节讲述了经纪公司的运作；最后一部分是平台的多种渠道形式，供直播挑选。

1.1 选择类型：了解直播的三种类型

随着直播行业的发展，越来越多的人从事直播工作。其中直播的类型一共有3种：个人直播、机构直播、团队直播。这三种类型分别具有不同的特点，本节将分别进行讲解。

1.1.1 个人直播：选择个人擅长的领域

个人直播即全程由个人进行操作的直播，如图1-1所示。个人直播需要自行申请纳税。处在新人阶段的个人直播在流量和用户积累上存在一定的难度。与其他类型的主播相比，个人直播的优势在于直播时间和内容的选择自由，礼物只与平台分成；相对劣势是个人直播的收入不稳定，在直播中出现的问题全部要依靠个人来解决。

个人直播首先需要选择适合自己的领域。一般可以根据自己的爱好、特长进行选择。选择好之后，需要找到适合的观众，共同的爱好圈是观众的来源。此外，需要自己做直播策划。

在进行个人直播前，了解直播知识是必要的准备工作，可以从4个角度进行了解：视觉艺术、听觉艺术、直播设备、直播推广。

1. 视觉艺术

视觉艺术主要包括直播间的背景选择、主播个人的穿着打扮等知识。需要思考直播的人设，并搭配相应

图1-1 个人直播

的风格比如可以选择更上镜的衣服，有利于提升个人形象和吸引力。

2．听觉艺术

听觉艺术主要是直播时的语言。首先，要确保直播画面的音质，吐字要清楚，声卡与麦克风的组合能够使直播音质达到更好的效果；其次，需要了解用户心理，表达内容要投其所好，最基本的要求是尊重自己的粉丝，这样可以更好地积累人气和流量。

3．直播设备

一套好的直播设备可以让直播画质更佳、更流畅，带给用户的直播体验感也就更好。所以，个人直播在直播前，选择合适的直播设备，能够使直播效果更好。

4．直播推广

个人直播的直播推广目的就是获得更多的粉丝量和点击率。可以密切关注平台的活动，利用平台的计划扶持进行有效推广（多数平台都会定期进行活动计划扶持）。以B站为例，随着知识经济的发展，B站开展了招募知识分享官的活动，可以通过活动进行直播推广如图1-2所示。

图1-2　B站知识分享官的活动

1.1.2 机构直播：建设优质的直播内容

机构直播主要依靠机构，MCN（Multi-Channel Network）就是一种多频道网络的产品形态，一种新的网红经济运作模式。机构直播的优势在于：主播能获得稳定的收入；在直播流量上，机构会给予一定的扶持；直播所需的基础设备由机构提供。此外机构会对主播进行培养，并安排经纪人解决主播在直播过程中所遇到的问题。

在选择机构直播时，自己需要仔细甄别所选择的机构，防止被欺骗，尤其是在合同的签订上，需要谨慎。

机构与中介公司类似，国内的 MCN 机构主要有五大类：内容生产型、内容运营型、广告营销型、知识付费型和电商内容型。每个类型的运营重点不同，如图 1-3 所示。

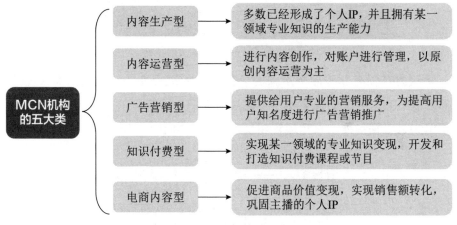

图 1-3　MCN 机构的五大类

1.1.3 团队直播：打造强劲的直播团队

团队直播是由主播自行组织团队进行直播。例如许多电商直播中，主播会自行选择模特和助理共同参与直播，如图 1-4 所示。

除了出镜的成员外，还有其他负责幕后的人员在分工合作。这样的团队直播更有利于每个人实现其个人的价值，并且好的团队更有利于主播的发展。一个个人 IP 的产生，很多时候需要一个优秀的团队共同打造，从直播定位、选题、拍摄到后期等一系列步骤都有一套成熟的业务链。

图 1-4　邀请模特、助理共同直播

团队的直播有利于减少主播的工作量，如果想要搭建团队，那么在选择上需要注意做好团队的分工。以电商直播为例，团队可以有四个方面的分工：直播策划、直播场控、直播运营和直播副播。如图 1-5 所示。

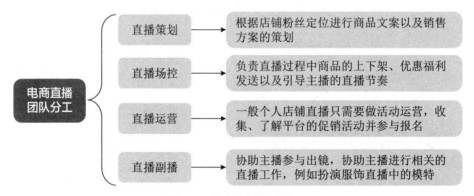

图 1-5　电商直播团队分工

具体的分工可以根据直播的店铺的粉丝量进行配置，对于小型的店铺来说，有主播和直播场控两个人就足够了。

1.2 经纪公司：连接平台与主播双方

直播市场的迅速扩张，与大量经纪公司的成立和发展分不开。经纪公司为直播平台承担了部分监管责任，在一定程度上确保了主播的直播质量，也活跃了直播平台。此外，经纪公司可以为主播提供更好的人设包装，这对平台和主播都有好处。本节主要介绍经纪公司需要遵循的一些运营要求，以便更好地连接平台与主播双方。

1.2.1 规范运营：保证平台秩序

在视频直播行业的发展中，直播运营所直接呈现在受众面前的结果，就是主播与直播平台之间的紧密联系——主播借助直播平台进行内容直播；直播平台为主播提供直播的场地。

其实，在具体的运营过程中，主播与直播平台并不是直接联系的。二者之间有一个共同的媒介，那就是经纪公司。

经纪公司在视频直播行业发展中扮演的虽是幕后角色，但这个角色非常重要。它的内部运营状况直接影响到主播和直播平台，进而影响着整个行业的发展，如图1-6所示。

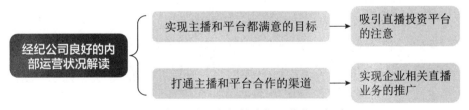

图1-6 经纪公司良好的内部运营状况解读

那么经纪公司应该怎样做，才能实现良好的内部运营呢？具体说来，可从两个方面考虑，即发展主播和拓展运营方式。

1. 发展主播

从这方面来看，主播是从经纪公司走出来的，是通过经纪公司这一中介与直播平台产生联系的。因此，在视频直播领域，经纪公司首先要做好主播的专业培训工作。

主播在开始进入直播领域时,都可称为是"新人"。一方面,他们需要进行直播内容的培训,特别是一些做才艺表演的主播,更是需要在自己擅长的才艺方面付出更多的努力。而经纪公司可从这方面对主播进行培训。

另一方面还需要对他们进行直播呈现方式的培训,也就是,怎样把直播的主题更好地展现在受众面前。如利用怎样的话术能让受众更加容易接受和理解,怎样解读直播过程中遇到的问题等。这些都是应该在直播前就有所准备,需要经过一定的培训的。

特别是主打"素人直播"的平台,由于素人主播大多并不是公众人物,或多或少会有怯场的心理,并在直播水准的把握上也不熟练,因此,经纪公司就必须对他们进行一系列严格的培训。只有这样,才能让"素人"开始走上直播的道路。

2. 拓展运营方式

在运营方式方面,直播首先是线上的直播,是互联网娱乐的直播。

在更加注意线上、线下结合的时代,怎样把直播这一线上的内容表现形式和业务方式推广到线下,进行线上到线下的渗透,已经成为迫切需要解决的问题。

另外,在互联网占据人们信息来源主要渠道的时代,我们应该擅于把互联网娱乐和传统娱乐结合起来,这也成了视频直播行业发展的趋势。因此,经纪公司应该寻找传统娱乐与互联网娱乐的结合点,把双方的优势发挥到最大化,最终实现创新结合,更快地推进直播的发展。

总的说来,经纪公司通过在发展主播和拓展运营方式方面的规范化运营,将实现"三赢"的高效运营。因为规范化的运营方式能促进业务推广,与平台形成高效的对接,进而稳固经纪公司、直播平台、主播三者之间的关系。

1.2.2 条件招聘:选择合适人员

经纪公司对直播平台的主播招聘在条件方面的设置并不是特别高,核心是要求能吸引受众关注。图1-7所示为网站上某直播平台招聘主播的一则信息。

一般经纪公司招聘直播主播,都从5个方面进行考察,分别为互动交流、主播才艺、内容引导、用语规范和用人培训5个方面,下面将一一进行讲解。

```
任职要求：
1. 形象气质佳，高颜值，着装时尚；
  （不要害怕自己不好看，美颜效果比你想象的更强大；不会化妆穿衣的我们教，我们有专业的化妆师和搭配师指导）

2. 临场思维敏捷，具有较强的语言表达能力和现场操控应变能力；
  （不会说话的，我们也教，放心，老板就是讲师，不信教不了你）

3. 热爱媒体事业，工作态度积极主动，具备良好的敬业精神和职业操守；
  （积极配合运营团队，合作共赢）

4. 配合公司完成专业培训指导；
  （所有培训都是免费的）
```

```
职位详情
腾讯音乐电台"一起听"板块音频主播，派对主持招募中：

全国第一大公会，平台优势资源推荐位独占60%以上。

与平台深度合作，接下来主推音乐类人才，如果你会唱歌善于沟通，那网易云或腾讯音乐电台将是你展现自我的不二选择！

·时间自由，工作地点自由！无需设备，手机+耳机即可开始赚钱！
·不露脸，最大程度保护隐私和安全！
·无需专业播音人员。只要普通话标准，有自信敢挑战，你就来！
```

图 1-7 网站上某直播平台招聘主播的一则信息

1．互动交流方面

图中的招聘信息首先提到线上互动方面的要求，可见吸引受众关注和提升受众活跃度是经纪公司选择主播的重要条件。一个网络主播，假如他（她）的才艺和颜值都值得称许，但不善于与受众互动，那么这类型的主播就不是经纪公司选择主播的目标。

2．主播才艺方面

经纪公司选择主播，最看重主播的才艺条件。特别是在如今直播作为人们展示才艺的重要平台的情况下，才艺更是在吸引受众方面有着非同一般的作用。

3．内容引导方面

现今的受众都置身于不同渠道、种类繁多的信息中，其身心发展受到各种各样的信息的影响。一个主播，特别是受众喜欢的主播，其影响的范围将更大。因此，在招聘主播时，经纪公司要对主播互动中的内容进行规范，要求主题和内容具有正确导向。

4．用语规范方面

直播虽然也是一种即时的内容呈现形式，但它毕竟不同于日常生活。在日常生活中，会出现一些不礼貌的情况，而这是直播用语中不允许的。因此，经纪公司在招聘主播时要加以注意，并特意提出要求。

5. 用人培训方面

培训是经纪公司对主播职业能力的培养，是非常有必要的。无论是从经纪公司的形象考虑，还是从主播方面考虑，要求应聘主播的人员按照公司要求进行职业方面的培训，都是一种负责任的原则性要求。

> **专家提醒**
>
> 除了以下 5 个主要方面外，经纪公司一般还会对应聘人员的形象、气质等提出要求，但是就此而言，必须是合理、合适的，而不能一味地要求主播在颜值方面突出。

1.2.3 流程培养：保证直播质量

在以主播为内容本身的秀场直播中，经纪公司在视频直播行业的发展过程中所起的作用是非常大的，这主要表现在两个方面，如图 1-8 所示。这两个方面能更好地经营经纪公司与主播和直播平台的关系。

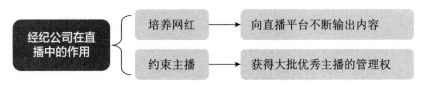

图 1-8　经纪公司在直播中的作用

在此，以培养网红为例，具体介绍经纪公司怎样才能培养出直播平台所需要的网红，从而为公司业务的拓展和营销的发展提供助力。具体说来，经纪公司培养网红是需要遵循一定的流程的。流程一般有 6 个环节：培训、宣传、活动策划、巡场、销售和公关。

在这 6 个环节中，培训环节在上一小节中已经进行了详细的介绍，接下来介绍其他 5 个环节。其中最主要的是宣传和活动策划两个环节，且这两个环节有着共同的目的，那就是扩大网红的影响范围。从一定程度上来说，活动策划和巡场都可以说是宣传的延伸和发展。接下来，我们将重点介绍打造网红过程中的宣传环节。

网红成为明星已经是不争的事实,而明星"网红化"也正在发生。如今信息发达、传播迅速,宣传的方式可以说是多种多样的。尤其是那些明星网红,他们通过互联网中的各种新媒体平台,变得越来越接地气,也学会了利用互联网来获得粉丝、经营粉丝,从而提高自己的变现能力。

宣传时,必须要选准合适的平台和网站,其中新浪的新媒体平台——微博,不失为一个好的选择。如图1-9所示,为新浪微博首页界面。

图1-9 新浪微博首页

微博除了掌握PC端入口外,还掌握了移动互联网的信息入口,拥有众多的年轻用户基础,以及各大自媒体具有代表性的内容,可以为主播的宣传提供很好的推广平台。

经纪公司在选择明星时应根据企业自身的条件和特点来选择,而且要选择正面形象的明星,只有这样才能真正拉动企业业务的发展。

🎤 专家提醒

在培养明星网红的过程中,经纪公司在宣传造势和活动策划时要注意以下3个方面的内容:利用明星已有的人气和粉丝;策划接地气的明星直播活动;全面展现"正能量"的话题。

1.2.4 约束签约：方便主播管理

经纪公司与主播之间的关系是一种平等，且相互之间的关系影响着对方的发展，因此有必要以合同的形式来约束双方的行为。

对经纪公司来说，作为一个联系主播和直播平台的主体，为了确保自身业务推广的实现，首先就应该正确处理好同主播之间的关系。这主要是基于如今视频直播行业的发展势头而言的。无论是在手机应用上，还是在微信公众号平台上，直播应用和用户越来越多。如图1-10所示为"直播"在应用商城以及公众号的搜索结果。

图1-10 "直播"在应用商城以及公众号的搜索结果

在直播快速发展的情形下，主播可选择的机会也越来越多。主播的跳槽可能会对平台方和经纪公司产生诸多不利的影响，如图1-11所示。

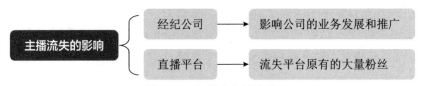

图1-11 主播流失的影响

而经纪公司和平台要想留住主播，就必须通过一些方法来约束主播。如签约就是其中必要的一项措施，也是利用法律法规来有效约束签约双方的方法。

经纪公司通过签约的方式来约束主播，对降低主播的流动性和保证平台的持续输出有着非常重要的作用。当然，签约也是经纪公司实现高效运营的重要表现，从而有利于吸引直播平台的注意，最终保障公司业务的顺利推广。

要注意的是，经纪公司与主播签约，约束的不仅是主播一方，也包括经纪公司一方。且签约的双方在法律上是平等的，这就要求签约所达成的各项事宜对双方来说是平等的，让合作实现双赢。

1.2.5 适当舍弃：节约人力成本

上面已经提及了优质主播对经纪公司的影响和重要作用，在此将重点对这一问题进行介绍，为经纪公司的主播培养提供参考。

"适当化舍弃"是从经纪公司的投入和产出来考虑的。一般说来，经纪公司在培养主播新人方面是需要花费大量的人力和财力的，主要表现在4个方面：寻找目标新人、主播技能培养、主播宣传推广和宣传活动组织。

经纪公司花费如此多的人力和财力培养出来的新人，即使是优质的主播，从其知名度上考虑，也往往是投资大于收入的。对于一般的经纪公司而言，它们动辄签约几十甚至上百名主播。在基数如此大的主播群体中，大多数的主播处于一种纯粹完成直播任务而赚取生活费的状态，有少数主播可能会在相关直播领域获得一定的知名度，而有着极高知名度和受大量受众喜欢的主播就更是少之又少了。

除了处于上面三种运营情况的主播外，其他那些完全没有价值的主播对于经纪公司来说是可有可无的，他们不仅不能为公司做出贡献，反而可能影响公司的运营。因此对这些不适合直播行业的主播，经纪公司应该果断放弃，鼓励他们寻找其他的更适合自身发展的就业机会，而不是在不适合的工作岗位上浪费青春和时间。

经纪公司的这一举措，不仅是对主播自身负责的表现，也是对公司的运营和发展负责的表现。它能很好地提升公司主播的整体质量，打响公司的知名度。

1.2.6 利益分配：稳定主播数量

上文在提及网络主播跳槽时指出，直播平台和直播选择机会的增多是使得主播跳槽的重要原因，其实这只是外因，其内因在于签约时规定的平台与主播的利益分配的问题。

主播的收入来源是多样化的，各种类型的收入来源都影响着双方的利益分配。总的说来，主播的收入来源主要有 3 类，具体如下所述。

1．主播薪资

当主播与经纪公司或平台签约的时候，一般都会在其中注明薪资是多少。这是非常稳定的主播收入来源，且主播工资相对于其他行业来说较高，这从各大招聘网站的信息就可看出来，如图 1-12 所示。可见，主播薪资也是主播收入的主要来源之一。

图 1-12　招聘网站上的主播薪资提供

2．礼物或打赏

给主播的礼物或打赏是比较灵活的。这一收入来源具有不稳定性，受主播的人气和粉丝数量、互动影响较大。

其中，礼物的形式有两种，一种是某一主播的受众做小任务获得礼物，主播可以基于受众关注这些小任务而获得积分，积分可兑换礼物。如某直播平台上的"集结令"就是积分的表示方法，如图 1-13 所示。

第1章 培养主播：抓住创业新风口

图1-13 某直播平台的积分——集结令

另一种礼物方式是受众充值购买如"火箭""飞机"等虚拟礼物送给主播，主播分成获得收入。

"打赏"这一形式在微信公众平台上比较常见，如主打语音直播的千聊Live，就有打赏的功能，如图1-14所示。

图1-14 千聊Live的受众打赏

3. 广告收入

那些以宣传为目的的商家会选择人气高和粉丝众多的主播作为合作对象，

请他们在自己的直播页面和内容中进行直播广告推广。

主播除了上述收入来源外，一般还会有页游注册或消费提成、粉丝赞助等收入。另外，有自己网店的主播还会有商品销售收入，游戏玩家还会有游戏代练收入。

> **专家提醒**
>
> 对于上述诸多收入来源的分成，经纪公司应该在签约时作出明确规定，并以合理的方式来保障主播收益，而不是以不平等的条约、拖欠工资等方式来损害主播的利益。这样才能让直播平台和主播等都从中获益，并保障直播的持续进行。

1.3 直播平台：选择直播开播渠道

直播渠道形式众多，那么具体应该选择哪种形式呢？本节介绍直播平台的主要形式。直播平台分为以下五种类型：第一种为传统平台，第二种为音频平台，第三种为短视频平台，第四种是社交平台，第五种是电商平台。

1.3.1 传统平台：用才艺吸引观众

传统直播平台主要有秀场、游戏、体育以及泛娱乐直播。秀场直播的表现形式是唱歌跳舞，主要面向的人群是三、四线城市的用户，直播内容大多是满足用户的猎奇心理。直播房间内设置有虚拟礼物，可通过人民币充值的形式购买，这种靠用户充值的盈利模式即是平台主要的盈利方式。例如9158、六间房、KK直播等都是这种传统的秀场直播平台。

游戏直播主要是主播现场玩游戏。它的制作成本和准入门槛都很低，不需要秀场主播具备跳舞和唱歌才艺，只需要主播的游戏技术精湛。观看游戏直播的用户主要是游戏爱好者，用户黏性较大。但相较于秀场直播来说，游戏直播需要支付更高的版权费用。传统的游戏直播平台主要有虎牙、斗鱼和战旗直播。

体育直播分为两类，包括体育赛事直播和电子竞技直播，主要针对球迷或运动爱好者，例如篮球、足球、斯诺克、网球、排球等运动项目的直播。热门的体育直播赛事主要有：NBA、CBA、世界杯、英超等。体育直播平台的出现，让这些运动的爱好者也成为赛事解说员，他们利用自身的知识和风趣的语言来吸引用户观看直播。

泛娱乐直播的内容以娱乐为主。与秀场直播和游戏直播不同的是，泛娱乐直播兴起于移动端，主要满足用户在工作学习之余进行放松与消遣的需求。这类直播的内容轻松愉快，并且用户可以通过移动端随时观看。

泛娱乐直播相较于秀场直播、游戏直播、体育直播来说，受众面更宽泛，用户人群的类型更多，因此在针对的人群上具有数量优势。

1.3.2 音频平台：用声音感动观众

与其他媒体不同，在音频中植入广告的效果是立竿见影的。想象一下，儿时收音机陪伴我们入睡，开车时电台节目一直陪伴着我们，旅行时也可以随时随地打开手机上的电台软件。如果主播自然地植入品牌，那么效果肯定比那些硬性的平面媒体、网络广告要好得多。笔者总结了三个原因：主播的意见领袖特征、声音的亲和度和粉丝的忠诚度。

举例来说，喜马拉雅FM与必胜客打造的"请吃饭"广告植入活动，就是必胜客联手喜马拉雅FM为了答谢粉丝而组织的一次活动。这次活动的目的在于宣传品牌，同时调动主播和粉丝双方的参与积极性。在喜马拉雅FM的PC端和移动端上，大部分排名靠前的主播都加入了此次活动。将广告悄无声息地植入了音频内容中，而且引发了大量主播和粉丝的分享互动，从而使活动取得了成功。

由此可见，在音频中植入广告，不仅让用户毫无违和感，而且能让广告达到最佳的效果。

与视频自媒体相比，搭建音频自媒体更加简单，门槛更低。仅靠一两个人的小团队很难制作出质量精良、内容优质的视频产品，而音频则不同，只要有观点、有内容，就可以制作出一档高质量的节目。

> 🎙 **专家提醒**
>
> 搭建音频自媒体的过程比较简单,甚至不需要有专业的录音设备,而只需要准备一部智能手机,将你想要表达的观点用独具风格的语言讲述出来。很多音频自媒体并不是专业的广播从业者,一些网络文学爱好者、家庭主妇、自由从业者、大学生等都在音频平台一展身手。

随着音频平台的不断发展,搭建音频自媒体的群体越来越大,其制作的内容也良莠不齐。因此,音频平台也应像视频平台一样,建立相关的规章制度,对内容严加监管,引导其正确前进发展,从而为广大音频爱好者提供优质内容。

音频平台的内容与传统的广播有一个最大的差别,那就是如今的音频节目大多是原创的。为了让用户有更加优质的体验和感受,各大网络电台都根据不同类型对音频做了十分详细的分类。此外,电台还可以为推销产品策划订制专题节目。

喜马拉雅 FM 是国内发展最迅速、使用人数最多的在线移动音频分享平台。其使命是"让人们随时随地,听我想听,说我想说",并一直注重用户的需求,不断提升和完善自身。用喜马拉雅 FM 叫醒自己,开启美好的一天,是很多用户都觉得很享受的一件事情。如图 1-15 所示为喜马拉雅 FM 的首页。

图 1-15 喜马拉雅 FM 的首页

比如喜马拉雅 FM,它的界面分类十分详细,让用户一目了然,推送的内容也非常丰富,有人文、科技、心理、历史、娱乐、治愈、儿童等。对此,喜马拉雅FM还将不同内容的音频分成多个板块,以便用户快速找到自己感兴趣的内容。图1-16所示为喜马拉雅FM分类中的两个板块。

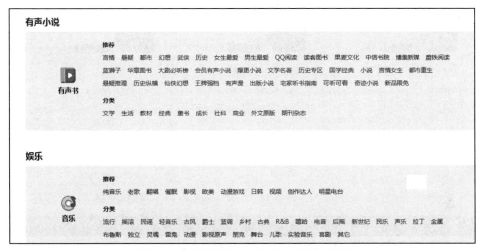

图1-16 喜马拉雅FM分类中的两个板块

除了这两个板块,还有脱口秀、相声评书、音乐、情感生活、教育培训、广播剧、外语、动漫游戏等板块。可谓是应有尽有。

此外,用户不仅可以在这里听到自己想听的声音,还能够开启属于自己的电台,分享自己喜欢的书籍或者知识、音乐等。最重要的是,操作过程十分简单,只需要用微信、QQ、微博或者手机号注册一个账号就可以开始经营自己的电台了。图1-17所示,为喜马拉雅FM的人气精选板块。

喜马拉雅FM是国内发展得比较成功的一个音频平台,它的企业文化理念成就了它,同时也在用户心中留下了良好的印象。

蜻蜓FM是汇聚众多音频资源、资历较老、股东众多的一家音频平台,其名字"蜻蜓"与"倾听"谐音,主张"倾听,让生活更美好"。

蜻蜓FM的特色在于收录的电台范围特别广,并且其中的自媒体人都是在人文历史、科学技术、实时军事、商业财经等专业方面有所建树的。而且蜻蜓FM分类详细,资源丰富,电台众多,主播们都有一技之长,能够依靠自身的专业知识吸引固定的粉丝,以获得稳定的流量。如图1-18所示为蜻蜓FM的官网首页。

图 1-17　喜马拉雅 FM 的人气精选板块

图 1-18　蜻蜓 FM 的官网首页

蜻蜓 FM 一直在探索移动音频的发展之路，不仅不断丰富音频节目的内容，还大力推进质量的提高，并打造了音频"内容付费"的商业模式。

1.3.3 短视频平台：用视觉惊艳观众

相较于短视频，直播的互动性更为及时且更直接，许多短视频平台都开通了直播功能。这种短视频与直播相结合的形式，既让主播与粉丝的交流得到了加强，也使得平台用户的黏性增大。

短视频与直播的结合，发挥了各自优势，更大地促进了直播内容的变现。图1-19所示为短视频+直播各自的优势。

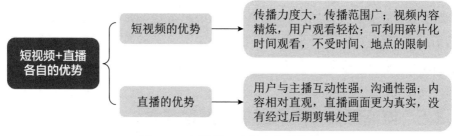

图 1-19　短视频+直播各自的优势

1.3.4 社交平台：用兴趣连接观众

中国移动社交市场最主要的用户是"95后"和"00后"群体。这个年龄阶段的用户热衷于轻松愉快的社交模式，因此满足他们需求的各类型的泛娱乐社交APP是移动社交厂商的主推。

抖音是行业中较早推出的一款将社交与直播相结合的软件。这样的业务调整，促使其业绩增长，并在行业内保持领先。对于抖音直播来说，社交化能有效提升用户的数量以及使用黏性。

各类APP都开始呈现社交化的趋势。游戏社交化，像一些热门手游，如王者荣耀、绝地求生、炉石传说等，都具有社交化倾向。另外，也有社交的游戏APP推出直播功能，例如玩吧、我是迷、百变大侦探等。与此同时，社交直播衍生产业逐渐增多，例如推出电台、小游戏、连麦PK、电影等形式。

这样的衍生形式让用户通过个人的兴趣找到志趣相投的朋友，正好满足了"95后""00后"的新型社交需求，下面具体分析两类衍生产业。

1．连麦PK

主播在直播的同时，可以与其他直播间进行连麦互动，主播双方进行PK。连麦对于主播来说，能够很好地提高自身的曝光率，所以许多主播选择直播间连麦PK。在连麦中，主播双方可以进行游戏互动，并设置相应的游戏惩罚，也可以进行聊天、才艺比拼。

2．播放电影

电影社交直播主要的用户为电影爱好者。在进行电影直播的时候，主播需要注意电影的版权问题，并且最新的影院电影是不允许在直播间私自进行直播的。直播的电影类型大多以恐怖片为主，对于不敢独自观看但又想看恐怖片的用户来说，这样的直播内容正好满足了他们的需求。

1.3.5 电商平台：用商品价值满足观众

电商平台直播的重点是展现商品的价值，商品的价值在于满足观众的需求。电商平台，按照其推荐的商品来划分，主要分为三大类型，分别为母婴类、美妆类和服装类。

1．母婴类

母婴类产品的受众多为年轻的妈妈们，产品主要有奶粉、纸尿裤、玩具、童装等，此外还有适合妈妈们的产品。传统的门店销售多采用一对一的服务模式，并且需要顾客亲自去筛选、购买，而电商平台的产品众多，挑选困难。

母婴类电商直播与传统的门店销售相比，服务群众更广，可以一对多，服务于屏幕前的许多妈妈们。年轻的妈妈们因为不太了解怎么照顾宝宝，因此会产生许多疑问，或者对宝宝的一些症状感到焦虑。在直播中，妈妈们既可以通过询问主播来解决疑惑，也可以通过弹幕跟其他妈妈们进行交流，共同分享育儿经验。

84%的妈妈们在购买宝宝的用品前，都会对产品的安全性和实用性进行调查，经过反复考虑再购买。母婴类直播中，直播间内有育儿专家和富有育儿经验的主播，可以为妈妈们介绍最适合宝宝的产品。这种全方位的讲解和展示正好解决了妈妈们选择产品的疑虑，为妈妈们的选择提供参考。

2．美妆类

美妆类电商直播针对高消费的女性群体。相比其他种类的电商直播，高消费的女性群体使得美妆直播获利最大。在美妆直播中，你可以看到博主替你试用各类产品，例如口红、眼影、粉底等各式各样彩妆产品的试用，同样也有一些护肤品的推荐，例如水、乳、霜以及精华等。

许多的明星也进入了美妆直播带货的行业，以后还会有更多的明星选择该行业。每个明星的直播方式都不同，有的明星分享自己用过的产品，有的通过提供护肤秘诀、分享好物等方式进行直播。

3．服装类

服装类电商直播的受众多为时尚年轻的女性。在直播中，主播不止推荐服装，还会进行搭配展示，为用户提供穿搭技巧的同时，还能促使用户加大购买力度。服饰类电商直播通过直播传递当下热门的时尚理念，推动时尚的发展。

服饰的种类众多，对于许多消费者来说，如何搭配一直是个困扰他们的难题。这类难题在服装电商直播中能寻求解决方案，因为主播会亲自示范搭配。有时候在搭配服饰时，主播还会分享合适的妆容，为用户提供可参考的妆容，让用户的穿搭更具魅力。

第 2 章

提升技能：成为众人的焦点

　　本章主要从3个方面来介绍直播技能，分别是直播知识技能、优秀主播要素和品牌IP打造。在直播知识技能中共有6个技能加上一个直播误区的讲解，帮助想要直播的你打牢直播基础；接着是优秀主播的4个要素；最后是5种方法，让你成为直播品牌IP。

第 2 章　提升技能：成为众人的焦点

2.1　直播知识：帮助主播轻松直播

在进行直播之前，主播必须要了解和掌握关于直播的知识。接下来，笔者将讲述 6 个技能和一个直播误区，从不同角度和方向帮助你更好地进行直播。

2.1.1　吸人眼球：打造视听盛宴

在直播中，好的视听效果能为主播的直播间锦上添花，视觉效果通常影响人的第一印象，好的形象能吸引人的眼球，获取更多的用户流量。在本小节中，笔者总结了几点提升直播间视觉艺术以及听觉艺术的技巧。

1. 直播妆容

在直播妆容的选择上，因为直播需要面对镜头，所以直播时主播选择的妆容要比日常的稍重，尤其是秀场直播。如果主播的面容太憔悴或者气色不好，会引起粉丝的讨论，尤其是做直播的明星。

首先是底妆的选择。底妆需要保持干净、透彻，而不能太厚重，可以在上粉底之前，利用遮瑕，对肌肤进行一个初步的调整。以下是某网站的遮瑕品牌排行榜，如图 2-1 所示，大家可根据自行需要进行选择。

 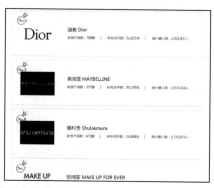

图 2-1　某网站的遮瑕品牌排行榜

遮瑕完成之后，选择合适的粉底或者 BB 霜，以下是某网站的粉底品牌排行榜，如图2-2所示，大家可根据自行需要进行选择。

图2-2 某网站的粉底品牌排行榜

美瞳、眼线、假睫毛可以让眼睛看起来很大的效果，所以在进行直播时，可以佩戴美瞳，增添眼线。刷眼影的时候，下眼睑也可以适当涂抹，还可以用眼线笔在下眼睑上适当绘制一些假的下睫毛。如果不喜欢假睫毛，可以只用睫毛膏刷一刷睫毛，并用睫毛夹卷一卷。如图2-3所示，为直播眼妆参考。

图2-3 直播眼妆参考

如果是单眼皮，或者觉得双眼皮不够明显，可以通过双眼皮贴放大眼睛。双眼皮贴有多种，例如双面型、网纱型、单面型、纤维条、双眼皮胶等。下面讲一下单面的双眼皮贴的使用方法，如图2-4所示。

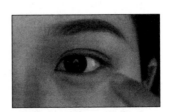

图2-4 单面双眼皮贴的使用方法

卧蚕也是另一项放大眼睛的方法，没有卧蚕的主播可以通过修容笔打造卧蚕。打造卧蚕的步骤如下：用浅色的修容在眼睛下方进行提亮，或者直接选用浅色的眉笔在你想拥有的卧蚕下方进行形状的描摹，如图 2-5 所示。

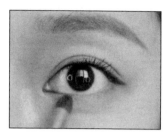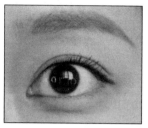

图 2-5　打造卧蚕

另外，因为镜头会削弱妆感，所以需要适当加强五官的立体度。可以选择大地色的哑光眼影对眼睛的轮廓进行加强，让眼睛更深邃，在鼻子两侧、脸颊、颧骨下方按照自身脸型进行修饰，高光笔可以和修容笔一起搭配使用。

2．直播服饰

关于服饰的选择，首先要选择的是服饰的颜色。黄皮肤或者肤色偏黑的主播，可以选择暖色调且饱和度低的颜色，例如豆沙粉、樱桃红、雾面蓝、抹茶绿、生姜黄等；白皮肤的主播则可以选择更多的颜色。其次是选择服装的款式，瘦小肩窄的主播可以选择较宽松或者泡泡袖的衣服；身材中等的可以选择 V 领、小 V 领、方领的衣服。此外，佩戴稍大的耳饰，也能修饰你的脸型。

3．直播角度

直播的角度可以是正面或者侧面，也可以是全身或者半身。不同的直播类型所需要的角度不同。例如服装直播，更多倾向于主播全身出镜；游戏直播则大多只需要主播半身出镜。

4．表情管理

表情管理在直播中也非常重要，不然在你直播完了以后，可能会出现许多表情包式的截图。做好表情管理，需要主播在线下对着镜子，仔细观察，寻找最适合自己的表情。

2.1.2　直播基础：熟悉直播技术

熟悉直播技术的目的是使直播更流畅，同时提高观众的观看体验，进而使你的直播获得更多的热度。直播的流程主要有 4 个步骤：首先是音视频的采集，采集完你的声音和视频之后需要进行美颜滤镜处理，接着是编码压缩，最后是推流。

音视频的采集涉及麦克风、声卡等设备，在美颜滤镜处理中则可以使用灯光等，除此之外还有一些 VR 技术等。

2.1.3 主播品质：懂得为人处世

主播在直播的过程中，需要与粉丝进行互动以及沟通。所以作为一个主播，应懂得为人处世的技巧，懂得如何与粉丝交流才可以获得更多的热度。

2.1.4 直播选择：发挥自身特长

选择擅长的方面进行直播，可以让直播更顺畅。如果擅长游戏，就可以进行游戏直播。游戏直播也可以选择技术型或者搞笑型。搞笑型的主播一般说话更幽默风趣，游戏的技术可能相对稍次；技术型主播的优势则更偏向游戏技术，但是许多游戏主播也是两者都兼顾的，两者的界限也并非那么明确。

2.1.5 直播重点：坚守直播初心

如果在直播中碰到什么事情，主播应该调整好心态，坚守直播初心，坚持努力进行直播，并且不断在自己从事的领域积极开拓和学习更新的知识，丰富自己，让自己的直播做得更好。

2.1.6 主播必备：懂得推广自己

作为一个主播，尤其是个人直播，懂得推广自己非常重要。首先需要找到和自己有相同喜好的用户，从爱好圈出发。从圈内出名到网络知名的过程并不容易，需要有足够的耐心以及坚持不懈的努力。

2.1.7 直播谨记：避免直播误区

在直播时，我们需要注意以下几个误区。

1. 依赖第三方

很多企业因为看准了第三方直播平台的用户数量多、流量大，所以常常借助泛娱乐直播平台进行直播营销。实际上这种做法是非常不可取的，因为对于企业而言，这些第三方直播平台的用户与企业并不完全对口。

因此，企业在诸如花椒、映客等直播平台进行直播的话，换来的只是表面上的虚假繁荣，犹如"泡沫经济"，并不能达到最佳营销效果。此外，网络环境也是利用第三方直播平台进行直播的一个问题。一般大型发布会现场的网络信号时常不稳定，而移动网络就更不用说，这将会严重影响用户的观看体验。

因此，企业在利用直播进行宣传时，可以与专业的直播平台展开合作，充分利用其成熟的技术来解决直播中卡顿的问题，让直播更加顺畅。

2. 盲目从众

视频直播不仅仅是一个风靡一时的营销手段，还是一个能够实实在在为企业带来盈利的优质平台。当然，企业要注意的是，不能把视频直播片面地看成是一个噱头，而是要大大提高营销转化的效果。

对于一些以销售为主要目的的企业而言，单单利用网红打造气势，还不如直接让用户在视频直播平台进行互动，从而调动用户参与的积极性。

比如乐直播联合家具行业的周年庆进行直播，用户不仅可以在微信上直接观看直播，并分享到朋友圈，还可以在直播过程中参与抽奖。这种充满趣味性的互动，大大促进了用户与品牌的互动，从而促进购买的转化。

3. 侵犯他人肖像权和隐私权

在直播内容上经常存在侵犯他人肖像权和隐私权的问题。比如一些网络直播将商场、人群作为直播背景，全然不顾别人是否愿意上镜，这种行为极有可能侵犯他人肖像权和隐私权。

自从视频直播逐渐渗入人们的日常生活之后，用户已经没有隐私，反倒可能成为别人观看的风景或他人谋利的工具。比如用户可以通过某些直播平台不但可以观看不同地方的路况、商场等场景，甚至连生活场景都可以看到。

隐私权的关键有两个方面：第一，隐私权具有私密性的特征，权利范围由个人决定；第二，隐私权由自己控制，公开什么信息全由个人决定。

当我们处于公共场所时，并不意味着我们自动放弃了隐私权，可以随意被他人上传至直播平台。我们可以拒绝他人的采访，也有权决定是否出现在视频直播中，因为我们在公有空间中有权行使我们的隐私权。因此，直播的这种非法侵权行为是非常错误的。

4．逃避纳税

对于视频直播这个行业，利润的丰厚是众所周知的。很多主播也是看中了这其中的高收入，才会蜂拥而上。

据说，人气火爆的主播月薪上万很普遍，再加上直播平台的吹捧，年薪甚至会达到千万。虽然笔者也不敢确定这个数据是否真实，但就算将这个金额减掉一半，那也是相当可观的。

这样可观的收入就涉及了缴税的问题，比如与直播中的主播收入类似的明星也会出现逃税的问题。逃税会构成犯罪。如果主播逃税，不仅是对其自身，而且对整个直播行业也会造成极其恶劣的影响。

2.2 个人要素：学习优秀主播要素

优秀的主播总是能受到很多人的喜欢，优秀主播身上又有哪些共性呢？本节将一一向读者介绍优秀主播所具备的要素，帮助大家更好地了解优秀主播，向优秀主播学习，并成为优秀主播。

2.2.1 直播内容：打造优质内容

利用直播进行营销，内容往往是最值得注意的。只有提供优质内容，才能吸引用户和流量。接下来我们将从内容包装、互动参与、事件营销、创意营销、用户参与、真实营销、内容创新和增值服务8个方面讲述如何提供优质内容。

1. 内容包装

通过直播的内容进行营销，内容终归还是要通过盈利来实现自己的价值。因此，内容的电商化非常重要，否则难以持久。要实现内容电商化，就要学会包装内容，给内容带来更多的额外曝光机会。

2．互动参与

内容的互动性是联系用户和直播的关键。直播推送内容或者举办活动，最终的目的都是为了和用户交流。

直播内容的寻找和筛选对用户和用户的互动起着重要的作用。只有内容体现价值，才能引来更多粉丝的关注和热爱，而且内容的质量不是通过粉丝数的多少来体现的，和粉丝的互动情况才是最为关键的判断点。

3．事件营销

直播中采用事件营销就是通过对具有新闻价值的事件进行操作和加工，让这一事件以宣传为目的继续得以传播，从而达到实际的广告效果。

事件营销能够有效地提高企业或产品的知名度、美誉度等，优质的内容甚至能够直接让企业树立起良好的品牌形象，从而进一步地促成产品或服务的销售。

4．创意营销

创意不但是直播营销发展的一个重要元素，同时也是必不可少的"营养剂"。互联网创业者或企业如果想通过直播来打造自己或品牌的知名度，就需要懂得"创意是王道"的重要性，在注重内容的质量基础上发挥创意。

一个拥有优秀创意的内容能够帮助企业吸引更多的用户。创意可以表现在很多方面，新鲜有趣只是其中的一种，还可以是贴近生活、关注社会热点话题、引发思考、蕴含生活哲理、包含科技知识和关注人文情怀的。

对于直播营销来说，如果内容缺乏创意，那么整个内容只会成为广告的附庸，沦为庸俗的产品，因此企业在进行内容策划时，一定要注重创意性。

5．用户参与

让用户参与内容生产，不仅仅局限于用户与主播的互动，更重要的是用户真正地参与到企业举办的直播活动中来。当然，这是一个需要周密计划的过程，好的主播和优质的策划都很重要。

6. 真实营销

优质内容的定义也可以说是能带给用户真实感的直播内容。真实感听起来很容易，但通过网络这个平台再表现，似乎就不用那么简单了。主播要明确传播点，即你所播的内容是不是用户所想要看到的，你是否真正抓住了用户的痛点。这是一个相当重要的问题。

举个例子，你的用户群大多是喜欢美妆、服装搭配的，结果你邀请了游戏界的顶级玩家主播讲了一系列关于游戏技巧和乐趣的内容，那么就算主播讲得再生动、内容再精彩，用户也不感兴趣。所以你的直播不会成功。

7. 内容创新

"无边界"内容指的是有大胆创意的、不拘一格的营销方式。平时常见的有新意的广告，比如iPhone、耐克等品牌的广告，虽然广告内容中没有产品的身影，但表达出来的概念却让人无法忘怀。由此可以看出"无边界"内容的影响力之深。

现在很多企业做直播时，营销方式大多比较死板，其实做直播也应该创新，多多创造一些"无边界"的内容，吸引人们的兴趣。

比如有一个直播，很多人都以为它只是一个很平常的直播，没想到后来竟弹出了相关产品的购买链接，而且直播中还讲述了一些与游戏相关的知识，不看到产品链接根本无法联想到是电子产品的营销。

无边界的直播内容更易被用户接受，而且会悄无声息地引发他们的购买欲望。当然，企业在创造无边界的内容时，一定要设身处地地为用户着想，才能让用户接受你的产品和服务。

8. 增值服务

很多优秀的企业在直播时并不是光谈产品，因为要让用户心甘情愿地购买产品，最好的方法是让他们了解产品的增值内容。这样一来，用户不仅获得了产品，还收获了与产品相关的知识或者技能，一举两得，自然也会毫不犹豫地购买产品。那么，提供增值内容，应该从哪几点入手呢？笔者将其大致分为：给予用户陪伴，经验与资源共享，让用户学到东西。

最典型的增值内容就是让用户从直播中获得知识和技能。比如，天猫直播、淘宝直播、抖音直播在这方面就做得很好。一些利用直播进行销售的商家纷纷推出产品的相关教程，给用户带来更多的产品增值内容。例如淘宝直播中的一些化妆直播，一改过去长篇大论介绍化妆品成分、特点、功效、价格、适用人群的老旧方式，而是直接在镜头面前展示化妆过程，边化妆，边介绍产品。

这样的话，用户通过直播不仅得到了产品的相关信息，还学到了护肤和美妆的窍门，对自己的皮肤也有了比较全面的了解。用户得到了优质的增值内容，自然就会忍不住想要购买产品，直播营销的目的也达到了。

2.2.2 直播设备：选择合适设备

合适的设备能够确保直播间畅通无阻，并且让直播更出彩，那么，在直播间，我们应该准备哪些设备呢？在本小节中，将给大家一一讲解。

1．镜头

镜头，相当于眼睛。通过镜头来记录直播视频，就相当于用眼睛在看。眼睛的状态如何，会影响物体的呈现效果，所以镜头也一样，不同的镜头类型、款式也会直接影响到直播视频的呈现效果。图2-6所示为手机镜头和专业镜头的对比效果。

图2-6　手机镜头和专业镜头的对比效果

对于很多纯粹分享生活的主播来说，完全可以通过手机自带的摄像头进行直播，但是如果想让直播视频的呈现效果更好，那么就可以采用一台手机＋一个外置镜头的搭配方式，以补充手机镜头自身的局限性，满足拍摄效果的要求。图2-7所示为专业镜头安装在手机镜头上。

图 2-7 专业镜头安装在手机镜头上

安装不同类型的镜头,基本可以满足直播想要达到的美化效果。这种搭配的方式可以使手机拍摄出来的像素变高,拍摄画面的效果更好。很多人都会选择购买外置镜头来进行直播。镜头按照功能可以分为鱼眼镜头、广角镜头、微距镜头和长焦镜头这四类。

(1)鱼眼镜头

鱼眼镜头,是一种视角接近或等于180°的手机辅助镜头,可以说是一种极端的广角镜头。由于摄影镜头的前镜片直径短又呈抛物状,镜头前部往外凸出,很像鱼的眼睛,所以称为"鱼眼镜头"。

鱼眼镜头与人们眼中真实世界的景象存在较大的差异。我们在真实生活中看见的景物形态是固定的、有规则的,而鱼眼镜头产生的画面效果则会超出这一范畴。鱼眼镜头拍摄的画面,中心的景物不变,其他本应水平或垂直的景物都发生了相应的变化,从而产生强烈的视觉效果。如图 2-8 所示为鱼眼镜头拍摄的画面效果。

图 2-8 鱼眼镜头拍摄的画面效果

(2)广角镜头

广角镜头的特点是镜头视角大、视野宽阔、景深长,能强调画面的透视效果。广角镜头在某一视点观察的景物范围,比人眼在同一视角看到的景物范围广阔得多。这种镜头的拍摄效果在日常生活中很常见,比如,在拍摄合影的时候,可以把所有人都拍摄下来;日常自拍的时候,俯拍显脸小、仰拍显腿长;还能体现建筑的宏伟大气等。

(3)微距镜头

"微距镜头"从字面上就能看出,它可以拍摄非常细微的物体。它是一种用作微距摄影的特殊镜头,一般拍摄自然景物的时候使用得比较多,比如拍鲜花、昆虫等。

(4)长焦镜头

长焦镜头可以简单理解成给镜头增加了一个望远镜,从而可以拍摄到距离较远的景物。使用长焦镜头可以根据实际需求去变更镜头的倍数,例如10倍长焦、20倍长焦等。

以上这4种镜头类型,在日常直播拍摄时,可以根据想要的效果进行选择和使用。主播在直播间销售产品时,一般都会准备两台直播手机,一台手机用于拍摄,另一台手机则用来观看直播过程中和粉丝的互动情况。

在大部分电商直播中,主播可以采用摄像头+笔记本电脑的方式进行直播。这种方法简单易行,画面质量也可以满足。如图2-9所示为主播通过"电脑+手机"的方式进行直播的画面。

图2-9 主播通过"电脑+手机"的方式进行直播的画面

2. 灯光

在进行直播销售时，为了达到更好的商品展示效果，不能忽视灯光的作用。好的灯光能更好地促进商家和主播的商品成交，并且会给店铺带来很多的自然流量。

影视行业常常说的"打光"，可以通过灯光修饰、美化画面效果。灯光的分类有很多，通过对光源、光照角度、亮度、色温的不同组合，可以呈现出不同的效果。

直播间常用的灯光包括主光、辅助光、轮廓光、顶光和背景光，同时，这些灯光位置的摆放，对于直播效果的呈现也非常关键。

（1）灯光类型

主光：它是映射外貌、形态的主要光线，主要起照明的作用。主光可以使主播的脸部受光匀称。

辅助光：辅助主光的灯光。它可以增强人物的立体感，突出侧面轮廓。常用的补光灯就是起辅助灯的作用。主播在室内直播，遇到光线不太好或者想改变光线色调的时候，一般可以使用补光灯。它可以改善镜头前主播所呈现的气色，让主播的状态显得更好，如图2-10所示。

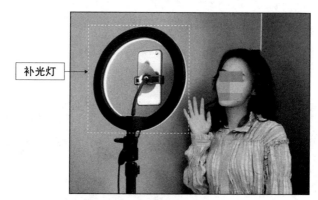

图2-10 使用补光灯直播

轮廓光：轮廓光是对着镜头方向照射的光线，也可以说是逆光，一般放在主播的身后位置。它可以勾勒出主播的身形轮廓，从而达到突出主体的效果，增强画面美感。

顶光：顶光是从头顶照射下来的主光线，次于主光的光源。它可以增强背景和地面的照明，同时也可以加强人物的瘦脸效果。

背景光：背景光也称为环境光，主要是对四周的环境和背景起到照明的作用。它既可以调整和改善人物周围的环境背景，也可以作为背景照明统一直播间的各光线强度，均匀室内光线。背景光的设置一般以简单为主，用来衬托人物的形象。

（2）灯光位置

灯光位置的摆放对于直播的呈现效果也非常关键，由于直播间的场地一般不会太大，所以建议采取以下两种方式来进行灯光的位置布局。

- 悬挂灯光方案：适用直播间高度3米以上、预算充足的直播商家。
- 便携套灯方案：便携套灯适合多种场合，所需要的费用比较低。

悬挂系统灯光，可以合理搭配主光、轮廓光、背景光、聚光灯和脸部光线，确保达到人物形象立体、栩栩如生的饱满效果，同时使画质更清晰。

不仅如此，悬挂系统灯光还可以最大限度地利用场地，人物改变位置也不受影响。它的轨道和灯具都可以移动位置，从而确保主播时时刻刻都处在灯光充足的环境中。如图2-11所示为悬挂系统灯光的展示效果。

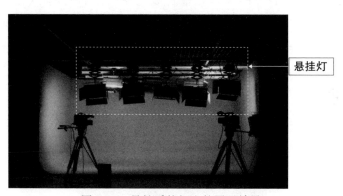

图2-11　悬挂系统灯光的展示效果

便携套灯比悬挂系统灯光更加便于携带，适合多种场合的使用，所需费用也比较低，很适合坐播或者站播这种运动少、范围小的场景。需要外出直播时，携带也非常方便，因为一个拉杆箱就能装着它到处走。

便携套灯是现在直播主播用得最多的一种。对灯的位置摆放进行光线、效果的调整，能使主播的形象更好。如图2-12所示为直播中便携套灯的使用效果。

图 2-12 直播中便携套灯的使用效果

3. 音效

解决完灯光的问题后,就要考虑直播间声音的呈现效果了。在直播中,主播需要不断和粉丝进行沟通、对话,在这个过程中,主播就可以添加一些活泼、搞笑的声音效果。

主播可以直接在网上搜索"直播音效软件"。下载后,在出现的声音选项里,点击需要的声音选项,该音效就会播放出来。在直播时,根据场景需要,选择合适的音效进行播放即可。图 2-13 所示为部分直播间常用的音效类型。

图 2-13 部分直播间常用的音效类型

在直播中添加各种音效,可以增加直播的趣味性,把直播间的气氛带动

第2章 提升技能：成为众人的焦点

起来，让粉丝们沉浸在直播中。

另外需要注意的一点就是，主播进行直播时，视频容易出现回音、杂音等情况，这都不利于视频的观看效果，会直接影响到用户的观看体验。想要消除直播的回音、杂音等情况，可以通过以下两种方法来解决：

第一，主播在中控台观看自己的直播视频时，要保持静音；

第二，主播用手机观看自己的直播时，要保持静音。

4. 背景

当直播在直播间里进行时，观众是通过镜头来看整个直播间的环境、主播以及商品的，这就需要直播方注意直播间的人和商品在画面中所呈现的视觉效果，尽力呈现出效果更好的直播画面。

在进行服装销售直播时，由于主播需要向用户和粉丝展示服装的款式、版型，和实际的上身效果，加上进行服装直播时所推荐的衣服件数比较多，所以在直播间如何陈列服装是一个关键问题。主播们可以根据以下三点原则来进行陈列。

（1）对主打的服装，可以单独进行展示

主播对需要主打的服装商品，应该重点进行展示，这样可以让直播间的每一个粉丝都看清楚主打的服装，让他们对服装有一个清楚的认识。在陈列时，可以利用人形模特或真人对主推商品进行上身效果展示，如图2-14所示。

图 2-14　主打商品可单独用人型模特或真人展示

（2）服装款式偏长的，应离摄像镜头稍远一些

如果服装比较大，在手机屏幕里很难完整呈现，最好的办法就是拉长服装与直播镜头之间的距离，从而让消费者可以一眼看完衣服的款式。同时，主播最好不要挡在产品的前面，以免阻挡视线，把服装摆放在主播的身后或两侧比较显眼的位置即可，如图2-15所示。

图2-15　服装摆放在主播身后位置

（3）确保服装直播视频的背景干净

主播在进行服装直播时，有些服饰的颜色、款式容易受到光线和背景的影响，因此对直播背景要求就比较高。在展示一款比较精致的服装时，就需要保持画面干净整洁。这时可以对直播间进行简单的布局，提升整个背景的视觉效果。如图2-16所示，就是一个背景干净的直播间，服装展现的视觉效果比较好。

脏乱的直播间或者布局杂乱的直播间，会很容易拉低主播在观众心中的位置，进而直接影响观众心中对其推销的商品价值的判断。所以，直播画面应尽量保持干净整洁。

第 2 章 提升技能：成为众人的焦点

图 2-16 背景比较干净的直播间

2.2.3 主播形象：包装完美形象

大众对陌生人的初次印象往往是不够突出、具体的，而且还存在一定的差异性。大部分人对陌生人的印象，基本是模糊的。

所以，个人所表现出的形象、气质等方面，完全可以通过人设经营的操作，改变之前给他人留下的人设形象记忆。可以通过改变人物的发型，塑造出和原先不同的视觉效果，使人产生新的人物形象记忆，从而利于"人设"的改变。

在人际交往之中，通过利用主观和客观的信息来塑造人设，从而达到预期的传播效果，是"人设经营"的根本目的。人设经营，可以说是在总结他人对我们的看法、态度和意见的基础之上，进行不断的自我调整和改进，这也是一种在社会上生存的手段。

学会打造出独特的人物设定，可以使主播拥有与众不同的特点，在人群中脱颖而出。此外，对外输出的传播效果的结果好坏，会直接决定人设经营是否成功。

2.2.4 直播互动：巧妙进行互动

直播时如何进行互动，才能够留住用户呢？在本小节中将为大家介绍一些直播间互动的小技巧，以帮助主播更好地留住直播间的用户。

1. 专业解说

比如 PDD 是知名游戏解说、竞技选手，而且还曾经获得了 2013 年 IEM 新加坡站冠军、LPL 春季赛亚军。如今，PDD 主要专注于游戏直播，也有一些娱乐鬼畜。如图 2-17 所示为 PDD 的微博主页。

图 2-17　PDD 的微博主页

在游戏解说中，PDD 利用其有趣的解说、幽默的语言、令人印象深刻的外形、极强的现场感染力和专业素养打造出了其个人 IP，凭借着其个体 IP 的力量感染了一大批受众，成功聚集了一大群热爱游戏的志同道合的粉丝，从而创造了商业机会。

2. 形象包装

普通人想要在互联网中成名并不是一件简单的事情，如果找不到正确的方法，只是一味地想引人注目，是发展不下去的。因此，每个创业者都需要根据自己的特点，选择适合自己的内容来包装自己、表达自己，让更多人看到自己的特色，从而关注自己。

在视频直播中，选择包装自己的内容，可从两个方面着手：一是才艺，丰富自身才艺；二是外形。无论是在丰富内在素养方面还是在呈现最好妆容方面，本章在开头都已经做了介绍，下面将从宣传方面详细解说怎样包装自己。

首先，在图片方面，一般的直播图片用的是主播个人照片。要想引人注目，就要找准一个合适的角度，才能更好地把直播主题内容与个人照片相结合，做到相得益彰。虽然主播的长相是天生的，但主播的宣传图片不同于视频，是可以编辑和修改的。

因此，假如主播的天生条件不是那么引人注目，也可以借用软件来进行后期修整。一些手机自拍应用，可以帮助用户一秒变美，效果非常自然，让照片中的人物肤质更白、润、透。如图2-18所示为"轻颜相机"APP推出新滤镜的活动以及主界面。

图2-18 "轻颜相机"APP推出新滤镜的活动以及主界面

一些手机自拍应用的美颜功能比化妆品还神奇，内置多种美颜风格，供用户任意选择。比如"轻颜相机"，进入该APP后，现场拍摄或从手机相册选择照片，可进行修图，如图2-19所示。

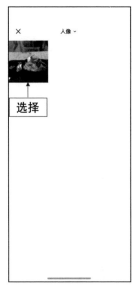 

图 2-19　选择照片进行后期修图

其次,在宣传标题上,为直播主题取一个好的标题,再辅以主播的高颜值照片,那么给人的第一印象必然是美好的。可以说,在设置好受众最先接触的两个方面的情况下,吸引受众注意也就不难了。

最后,在主播名称上,为主播添加一个吸引人的并能表现主播魅力的标签,能更全面展现主播的重要内容。这样的做法,不仅能更好地包装自己,还能使受众形成一个清晰的理性认识,有利于打造富有影响力的形象 IP。

3．冷静应对

传统的节目要达到让观众满意的效果,可以通过后期剪辑来表现笑点和重点。直播则不同,它要求主播要具备丰厚的专业知识和良好的现场应变能力。

一个能够吸引众多粉丝的主播和直播节目,仅仅靠颜值、才艺和口才是不够的。直播是一场无法重来的真人秀,就跟生活一样,没有彩排。主播一定得具备良好的心理素质,才能应对直播中发生的种种意外情况。

在直播现场发生各种各样的突发事件是不可避免的。当发生意外情况时,主播一定要稳住,让自己冷静下来,打好圆场。

节目主持人和主播有很多相似之处,主播一定程度上也是主持人。在直播过程中,主播要学会把节目流程控制在自己手中,特别是面对各种突发事件时,要冷静。主播应该不断修炼自己,多多向优秀的主持人学习。

对借助手机做户外直播的主播而言，信号不稳定是十分常见的事情，有的时候甚至还会长时间没有信号。面对这样的情况，主播首先应该放平心态，试试换地方是否能连接到信号，如果不行，就耐心等待。

因为也许有的忠实粉丝会一直等候直播开播，所以主播要做好向粉丝道歉的准备，然后利用一些新鲜的内容活跃气氛，再次吸引粉丝的关注。

在直播过程中，如果信号突然中断，调整了 Wi-Fi 后还是没能恢复正常，那么这个时候为了让用户能够继续观看直播，主播可以用移动数据继续直播。虽然会耗费主播不少流量，但粉丝会感到温暖，因为主播坚持做完直播，给了用户完整的体验，很好地照顾了粉丝的心情。

2.3 品牌 IP：营造品牌影响力度

个人 IP 究竟是什么？它是当今互联网营销的一种重要手段和模式。它相当于一个个人品牌。为了更好地了解主播如何通过直播平台进行营销，我们有必要事先了解主播的强 IP 属性。

2.3.1 方法一：打造流量KOL

随着移动互联网的飞速发展，网络上的各种内容传播的速度也不断加快。作为一个 IP，无论是人还是事物，都需要在社交平台上拥有较高的传播率。只有在微信、微博、QQ 这三大主要的移动社交平台上都得到传播，才符合一个强 IP 的要求。

1. 传输功能强大

一个强大的 IP 所必需具备的属性就是传播。只有传播的范围越广，才能影响到各个方面，从而得到更多的利益回报。这也是主播需要学习的地方，在各个不同的平台推广自己，才能成为影响力更强的 IP。

同时，口碑也是 IP 传播属性的重要体现环节。所谓口碑，就是人们对一个人或一个事物的评价。很多时候，人们的口耳相传比其他的宣传方式更加直接有效。

2. 价值内容丰富

如果一个 IP 想要吸引更多平台的用户，就应该打造优质并且真正有价值的内容。内容属性作为 IP 的一个必不可少的属性，究竟包含了哪些特征呢？

在如今这个"营销当道"的社会，内容的重要性是不言而喻的。随着时代的发展，平台变得多样化，从微博到微信公众号，内容生产者的自由度也越来越高。他们拥有更多的机会进行碎片化的内容发布，相应的，内容也开始变得多姿多彩、个性十足。

面对如此繁杂的信息，用户不免有些审美疲劳。那么，该如何吸引用户的眼球呢？这时候，就需要内容生产者时刻把握市场的动态，关注用户的需求，然后制造出相应的内容，打造出一个强大的 IP。

比如艾玛电动车曾将电影界流行的《变形金刚5》和自家产品结合在一起，利用"变形金刚"这个强 IP 给产品内容锦上添花，可谓妙哉！主播作为一个需要打造强大 IP 的主体，也应向企业认知 IP 内容属性的方法进行模仿和学习，即努力去迎合市场的需求，抓住大众的心理，来创造优质且有价值的内容。

除此之外，内容属性与年轻群体的追求也是分不开的。一个 IP 是否强大，主要是看它塑造出来的内容是否符合年轻人的喜好。

例如，李佳琦就是这样一个超级 IP。他之所以能够成为一个强 IP，是因为他发布的直播，大部分都有着明显的个人特征。无论是带货时的语言，还是动作，都具有明显的特色，并受到了众多网友的模仿。

总之，成为一个强 IP 不仅内容要有质量，还要无限贴近年轻人的追求。主播也是一样，创造的内容要优质且有价值，才能吸引广大年轻群体的目光。

3. 情感属性共鸣

一个 IP 的情感属性容易引起人们的情感共鸣，能够唤起人们心中相同的情感经历，并得到广泛认可。主播如果能利用这种特殊的情感属性，那么将会得到更多用户的追捧和认同。

4. 粉丝效应强大

"粉丝"这个名词相信大家都不会陌生，那么"粉丝经济"呢？作为互联网营销中的一个热门词汇，它向我们展示了粉丝支撑起来的强大 IP 营销力量。可以说，IP 就是由粉丝孵化而来的，没有粉丝，也就没有 IP。

"粉丝经济"不仅在于为 IP 带来影响力和推广力,最重要的还在于将粉丝的力量转变为实实在在的利润,即粉丝变现。粉丝不仅能为企业传播和宣传品牌,还能为企业的利润作出贡献。主播也应学会经营粉丝,这样才能成为一个超级 IP。

5.商业前景无限

一个强大的 IP,往往具有良好的商业前景。

让我们以短视频为例,如果一个原创博主想要将自己的短视频打造成一个强 IP,就必须给短视频赋予商业价值。随着时代的发展,短视频的商业价值不仅体现在视频的原创性上,还体现在它的文化价值上。只有把握好各方面的条件,才能获得更多的点击率,打造强大的 IP。

李子柒的美食视频,开始时虽然受众不多,但时间表明,其价值是无限的,并且影响力已经扩展到国外,还有许多类似的美食视频出现。李子柒不仅成为了一个十分强大的 IP,而且前景也是一片大好。

当然,既然说的是前景属性,那么并非所有的产品在当下都具有商业价值。企业要懂得挖掘那些有潜力的 IP,打破思维固态,从多方位、多角度进行思考,全力打造符合用户需求的 IP,才能通过 IP 带来人气,从而获取大量利润。主播同样也要学会高瞻远瞩,看准发展方向,拓宽发展空间,才能成为一个强 IP。

除此之外,伴随性也是一个好的 IP 不可或缺的特征。何谓伴随性?简单地说,就是陪伴成长。打个比方,如果你面前有两个价格相等的产品供你选择,你会选你从小看到大的动漫,还是长大以后才看的动漫?相信大多数人都会选择从小看到大的动漫作品,因为那是陪伴他一起成长的,其中承载了成长的点滴和情感。

一个 IP 的伴随性也直接体现了其前景性。如果 IP 伴随着一代又一代的人成长,那么它就会打破时间和空间的限制,制造出无穷无尽的商业价值,历久弥新。

作为主播当然也要懂得陪伴的重要性,这样可以利用陪伴中产生的情感,打造出具有商业价值和市场前景的 IP。

6.内在情怀吸引

一个 IP 的属性除了体现在外部的价值、前景等方面,还应体现在其内在特有的情怀和内涵方面，而内涵则包括很多方面。例如积极的人生意义、引发人们思考和追求的情怀，以及植入深刻价值观的内涵等，但IP最主要的目的还是营销。

所以，IP的内涵只有与品牌自身的观念、价值相契合，才能吸引用户的眼球，才能将产品推销出去。企业还可以对IP进行改编，从而推出产品。当然，改编经典的IP的关键就在于体现出更加丰富的内涵。

7. 故事属性丰富

故事属性是IP吸引用户关注度的关键属性，一个好的IP，必定是有很强的故事性的。仔细分析每一个强IP，不难发现，它们都有一个共同点——故事性强。正是这些IP背后的故事，引起了用户的兴趣，产生了市场轰动的效应。

好的故事总是招人喜欢的。在IP的这种故事属性中，故事内容的丰富性是重中之重。对于主播来说，只要你有好的故事，就一定能吸引用户的兴趣。没有好的故事，只会热度一时，最终成为过往云烟，被用户遗忘。

2.3.2　方法二：确定角色人设

确定自己的人设类型是否合适、恰当，关键需要考虑的方向，就是是否满足自身所面向的群体的需求。因为"人设"的出现，在一定程度上就是为了迎合大众的需求。

"人设"，可以迎合受众的移情心理，从而增强受众群体对其人设的认同感，用户才愿意去了解、关注主播，所以在设定人设形象时，确定好人设的类型是关键。

现在市场上出现了各种各样的人设标签类型，一些经典的人设类型有女王、冷面、萌妹子、天然呆、天然萌等。

选择直播行业里比较流行的人设风格，对于主播来说，可以快速引起用户兴趣并刺激他们点击欲望的有效方式。图2-20所示为服装直播销售中，"萌妹子"人设的主播形象。

第 2 章 提升技能：成为众人的焦点

图 2-20 "萌妹子"人设的主播形象

需要格外注意的是，主播在塑造自己的人设时，最好以自己本身的性格为核心，再向四周深化，这样便于之后的人设经营，同时也能提高粉丝对人设的信任度。确定好人设类型后，就需要考虑一下自己的"人设"是否独特别致。

对于想从事服装直播销售的新人主播来说，前面已经有一批成熟的服装销售主播，这时新人主播想尽早突出自己，就需要耗费一定的精力和时间。

主播可以考虑在那些还没有人使用的人设类型里，找到最适合自己的人设标签，继而创造出自己独一无二的人设，虽然有点儿难找，但是对于新人主播来说，完全可以利用这个鲜明独特的人设，树立起自己别致的主播形象。

1. 精准人设

一个优秀的主播一定是有其独特的人格魅力的。主播吸引粉丝的人格魅力的产生，大多是通过主播对自己人设的设置和定义。

一个精准的人设，可以最大限度地拓展粉丝受众面，吸引对此感兴趣的粉丝。只要他们愿意了解，就能成为粉丝或者潜在粉丝，实现自身影响力的最大化。

人格魅力的产生，很大程度上是源于粉丝对主播的外貌、穿着打扮的一个固有印象，以及主播在直播间里的表现。

精准的人设，就是可以让观众、粉丝凭借一句关键话，第一个就能想到具体的人物。也就是说，它可以让人牢牢地记住。找到自己精准的人设风格，让自己成为这类人设标签里的红人。同时主播的人设一定要有记忆点，没有记忆点的人设不能算是成功的人设。

2. 增设标签

　　一个人一旦有影响力，就会被关注的人在身上贴上一些标签。这些标签就可以组合成一个虚拟的"人"。当提到某个标签时，就可能想起某人。但这个想到，并非只是想到一个单纯的名字，而是某人给他留下的印象，比如严谨、活泼、可爱等标签。

　　主播可试着把这些人设标签在主播名称和直播标题中体现出来。一旦有人在直播框中搜索相关的标签，都有可能搜索到自己。比如在搜索框中输入"气质""通勤"，可能出现如图2-21所示的结果。

图2-21　搜索关键词后出现的主播直播间

2.3.3　方法三：形成个人特点

　　打造人物IP，其本质是要形成个人的特点内容，因为吸引粉丝要靠内容。那些能够沉淀大量粉丝的人物IP在形成个人的特点时，运用了一定的方式与方法，本节将对此进行具体分析。

1．社交媒体的打造

人物 IP 的兴起并不是偶然现象，而是社交网络媒体发展过程中的一种新产品。其中网红就是最直接的体系，网红们也因此成为最大的受益者。

从目前来说，正是微博、微信等社交网络媒体的迭代催生了网红，同时也刮起了"IP"营销风潮。那些被粉丝追逐的人物 IP，在社交网络媒体上都拥有良好的用户基础，所以才能取得好的成绩，尤其是一些热点 IP，更是成为了内容营销争抢的目标。

图 2-22 所示为社交网络媒体的人物 IP 的主要特点。

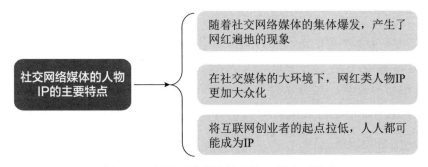

图 2-22　社交网络媒体的人物 IP 的主要特点

社交网络媒体的流行，尤其是移动社交平台的火爆，让很多能够创造优质内容的互联网创业者成为了自媒体网红，这个趋势还将进一步发展下去。

2．变现能力的提高

当然，真正的成功的一个重要的考量就是"变现"，如果赚不到一分钱，即使你具备再强的实力，你的价值也没有得到真正的体现。

如今，人物 IP 的变现方式已经越来越多，如广告、游戏、拍片、主播、社群、网店、微商、商业服务、卖会员、VIP 以及粉丝打赏等。人物 IP 只有具备较强的商业变现能力，才能真正获得互联网和粉丝经济的红利。

3．学习和经验积累

作为人物 IP 的重要条件，内容创造如今也出现年轻化、个性化等趋势。制作出与众不同的内容，虽然不要求你有多高的学历，但至少要能创作出点儿有价值的东西出来。从某种方面来看，读书的多少和阅历的深浅，直接决定了你创造的内容水平。

总之，在互联网内容创业中，内容不能简单地平铺直叙或自卖自夸，而要用更新颖有趣的方式进行创意营销。

4．产业活动的衍生

在进行内容传播时，主播切不可只依赖单一的平台。在互联网中讲究的是"泛娱乐"战略，主播或企业可以围绕 IP 核心，将内容向游戏、文学、音乐、影视等互联网产业延伸，用 IP 来连接和聚合粉丝情感。

企业可以借助各种新媒体平台，与粉丝真正建立联系，同时，这些新媒体还具有互动性和不受时间空间限制的特点。

5．定准明确

要想成为超级 IP，首先你需要一个明确的平常所说的产品定位，也就是你能为用户带来什么价值。企业在打造 IP 的过程中，只有明确了定位后，才能轻松地作出决定，对内容和产品进行定位，才能突出自身独特的魅力，从而快速受到关注。

6．人格化魅力培养

在打造人物 IP 的过程中，主播需要培养自身的正能量和亲和力，可以将一些正面、时尚的内容以比较温暖的形式第一时间传递给粉丝，得到他们的信任，在他们心中产生一种具备人格化的偶像气质。有人说，在过分追求"颜值"的年代，想达到气质偶像的级别，首先还是要培养人格化的魅力，包括以下几点：个性上独特、不平凡、不肤浅；保持和维护好人设；人设符合自身外在形象和气质。

俗话说："小胜在于技巧，中胜在于实力，大胜在于人格"。在互联网中这句话同样有分量，那些超级人物 IP 能受到别人的欢迎，其实也从侧面说明他们具备了优秀的人格。

2.3.4　方法四：包装个人品牌

如今，直播已是非常普及且大众化了，直播主播类人物 IP 的形成也有一套完整的输出产业链，可以帮助主播更好地打造属于个人的品牌。

1. 自身才艺吸引

要想成为直播主播,首先你需要有一技之长,才能吸引网友关注。

在国内,主播们除了自己要拥有才艺外,还需要直播平台的扶持,才能完成从网红到网红经济的跨越,名利双收,实现IP价值。

同时,平台也在相互渗透,这种改变使主播们实现了引流和内容发布等供应链的集中,从而进一步缩短了粉丝变现的途径。而如今直播已经成为社交平台中的互联网流量中心,主播们强大的粉丝黏性将为这些供应链平台带来更多的价值。

2. 平台与工会扶持

大部分主播都有一个"所属公会",而且这些公会通常会从主播收入中获得一定比例的抽成。公会在直播行业的供应链中占据很重要的位置。它们不但控制了下游的主播,而且还拥有强大的营销、市场开拓、传播和技术等能力。

尤其在以主播为内容本身的秀场直播中,公会对于平台的价值非常大。它管理着大批的优质主播,而且不断向平台输送内容。其实,公会本质上就是一个小型的经纪公司,并且构建了主播的三级经济链条。对那些拥有好的内容且播出时间比较稳定的主播,公会会进行推荐,从而将他们从普通的网红炒成热门网络红人。

公会与经纪公司的目的是一致的,都是向直播行业输送最优质的IP,不断培养优秀的内容创作者,打造娱乐新生态。

3. 平台与平台合作

好的直播平台可以快速吸引主播入驻,而这些主播又能为平台带来更多的用户和收入。各种直播平台的出现也让IP争夺变得越来越激烈,而且很多平台开始借势于电视剧、电影、综艺等热门IP,帮助平台吸引更多新用户。

同时,在各种直播平台上,用户不但可以看到熟悉的网红主播,而且还能看到很多明星艺人的直播。这些影视综艺IP与直播平台的合作,对于双方来说是一件互惠互利的事情。对于直播平台来说,主播、明星、企业等IP都拥有自身的定位和功能,他们自上而下在平台上的结合,可以形成一条完整的产业链,并逐渐形成一种新的商业模式。

2.3.5 方法五：掘金网红经济

网络红人们强大的影响力、号召力使"红人"成为一种新的经济模式。在各种形式的网红带动下，人物 IP 逐渐摆脱文娱产业的局限，例如钟表老师傅王津，因其具备专业的古董修复技术而成为网络红人。由此可见，在红人经济的带动下，IP 开始向整个经济市场迈进。

本小节将介绍红人经济掘金 IP 的取胜之道，解析主播应该具备的能力。

1. 数据分析预测

首先，主播如果想要引起用户关注，就需要具备一定的大数据分析能力。以下是各种数据的主要功能。

关注量与订阅用户数量等数据说明了你的内容被多少人推送；阅读量可以体现你的文章标题是否具有吸引力；转载量可以体现内容质量的优劣；新增的关注与订阅人数则说明了持续输出的内容是否有价值；用户转化率可以体现你推广的商品解决用户的需求程度、营销活动的吸引力程度，同时还可以反映产品与关注用户是否精准匹配。

主播进行直播和积攒人气，需要数据的支撑，同样也需要运用大数据分析直播内容、粉丝等数据，以实现更精准的内容准备和营销。有时候网站会提供用户观看的数据，例如飞瓜数据分析，如图 2-23 所示。主播应关注这些数据，为设计更好的直播内容作为依据和参照。

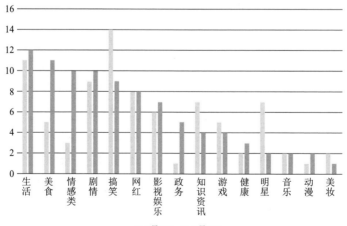

图 2-23　飞瓜数据分析

2．平台运营维护

社交平台是在互联网中获得粉丝的关键阵地，作为主播，还需要掌握社交平台的运营维护能力。只有运营好微信、微博、QQ等社交平台，才能将粉丝的力量转化为真金白银。主播可以在社交平台上与粉丝进行沟通和交流，并通过他们感兴趣的内容来吸引他们，这样做才有可能从中获得巨大利益。

第 3 章

吸粉引流：实力圈粉很轻松

  本章主要介绍了直播轻松吸粉引流的 3 种方式：首先，从直播预告出发，介绍了预告的 4 种方式，例如利用社交平台、口碑营销、平台联盟、线下活动；其次，讲述了直播引流的平台和方法；最后，从如何在私域流量、公域流量中转化粉丝，到如何沉淀、召回粉丝，介绍了直播间粉丝的运营。

3.1 多方式预告：增加直播间的热度

5G技术的发展给直播行业提供了拍出更为清晰和流畅的视频画质的技术，虚拟现实技术（Virtual Reality，VR）等各项技术的成熟使得直播形式和场景日趋多元化，这些技术的更新和成熟都带来了更大的发展空间。在这样的条件下，各式各样的直播应运而生。未来，下沉市场和全球化的加强将使直播行业具有更大的潜力和想象空间。

3.1.1 社交平台：最便捷的直播推广

在直播前对直播进行推广和预热是十分有必要的，只有这样才能保证有一定的流量，有众多的社交平台可以进行直播预告，下面进行相关讲解。

1. 微博

比如在微博平台，用户只需要用很短的文字就能反映自己的心情或者表明发布信息的目的，这样便捷、快速的信息分享方式使得大多数企业、商家和直播平台纷纷抢占微博营销平台，利用微博"微营销"开启网络营销市场的新天地。

在微博上引流主要有两种方式，分别是在展示位展示相关信息，以及在微博内容中提及直播。更为常见的是在微博内容中提及直播或者相关产品，加大宣传力度和提高知名度。

例如各大直播平台都开通了自己的微博账号，而主播、明星、名人也可以在微博里分享自己的直播链接，借此吸引更多粉丝。

2. 微信

微信与微博不同，微博营销是广布式的，而微信的营销方式是投递式的，引流效果更加精准。因此，粉丝对微信公众号来说尤为重要。

尤其是微信的朋友圈，相信不用笔者说，大家也都知道，微信运营者可以利用朋友圈的强大社交性为自己的微信公众平台吸粉引流。因为与陌生人相比，微信好友的转化率较高。例如我们将直播链接分享到朋友圈，好友只要轻轻一点就可以直接观看直播。

这种推广方法对刚刚入门的主播更为适用，因为熟人会更愿意帮助他们推广，依靠他们的影响力逐渐扩大，吸引新用户的注意，获得更多流量。

3. 知乎

知乎平台主要是分享知识和经验交流的平台，因此我们可以利用自己的专业进行教育直播或者科普直播等，传授知识经验。在知乎平台上，你也可以碰见一些经验非常丰富的用户。

在知乎上，具有细致的分类，有助于用户寻找相同的爱好者，还能在知乎平台进行直播。图 3-1 所示为知乎直播。

图 3-1　知乎直播

除了直播以外，知乎的盐选会员还可以免费观看 Live 讲座，如图 3-2 所示。在 Live 讲座里，有许多传授经验的课程，可以帮助用户学习。相对于直播来说，这些课程大多数的内容拥有更多的"干货"。

第3章 吸粉引流：实力圈粉很轻松

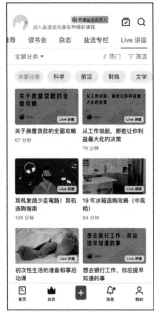

图 3-2 讲课 Live

3.1.2 口碑营销：低成本的高效推广

"种草"和"安利"都属于在口碑营销中所产生的词汇，那么有哪些可以形成口碑的因素呢？可以从三点出发：第一为优质的服务，进而形成口碑；第二为产品设计，可以利用"颜值"取胜，通过产品的外形或者设计来种草，也可以利用产品的名称形成口碑；第三是高性价比，形成口碑，吸引用户种草。

1. 优质的服务

优质的服务能让消费者在消费过程中，获得好的购买体验，因此服务是销售的重点。在直播带货中，可以通过树立好的人设赢得粉丝的喜爱。换句话说，就是让粉丝觉得你是一个"良心"主播，你安利的产品也非常"良心"。

优质的服务都站在用户的角度。让用户感到开心、满足，是你服务口碑建立的开端。很多知名品牌素来以优质服务取胜，例如海底捞、ZAPPos、胖东来等。

物流服务也是提高服务的重点，用户收货花费的时间越短，对店铺的印象也就越好。因此，商家提升自身商品的物流服务，让用户拥有很好的物流服务体验，也可以为自己的品牌赢得很好的口碑，进而形成服务型口碑。

2．产品设计

我们在进行产品设计时，产品的名称一定要使消费者容易记住，才能达到口口相传的效果，如果名称太拗口，不容易被记住，消费者很快就会忘记。企业必须要清楚地认识到：产品是关键，直播的目的就是让产品给用户留下深刻印象，从而激发用户的购买欲，所以产品的外形设计也很重要。

关于产品的外形设计，可以从产品颜色、样式以及企业LOGO等方面进行综合设计，也可以使用一些卡通图像来提升产品的外形颜值，让人觉得产品具有人格化。

3．高性价比

性价比是口碑种草时的常用词汇，性价比的重点在于价格与效果的平衡，即产品本身的效果与价格相匹配，或者超出产品价格。性价比高的产品大多较为平价，但并不等于平价产品。

在利用产品的性价比进行直播带货时，要重点表现的是产品的质量以及价格的平衡，在乎性价比的群体多为注重产品质量、较为实在的用户。按照性价比推荐的产品多为平价或者中端产品、例如红米手机、一加手机等。

直播带货中影响口碑种草的因素有两个，即产品和主播，如图3-3所示。

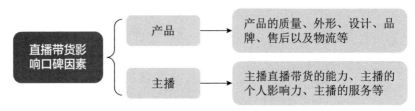

图3-3　直播带货中影响口碑种草因素

一些平台会按照热度对直播中的商品进行排名，排名榜的存在也推动了产品的口碑种草，让更多的用户根据榜单热度下单。

一个好的口碑又具有哪些作用呢？

（1）挖掘潜在消费者

口碑营销对引导消费者购买有重要影响，尤其是潜在消费者，这类用户会询问使用过产品的消费者，问其购买体验，或者查看产品下方的评论，查找用户的使用感受。所以，已使用过产品的消费者的评价，在很大程度上会打消或促使潜在用户购买产品。

（2）提高产品复购率

对于品牌来说，信誉，也就是所谓的口碑，是社会认同的体现，所以品牌的好口碑，也是提高产品复购率的一种营销方式，同时也反映了品牌的信誉值。

（3）增强营销说服力

口碑营销比传统营销更具感染力，因为产品口碑营销者其实是使用过产品的用户，而不是品牌方。这些使用过的用户站在消费者的角度分析产品，对潜在用户更具说服力。

（4）解决营销成本

口碑的建立，能够节约品牌在广告投放上的成本，为企业的长期发展节省宣传成本。

（5）促进企业发展

口碑营销有助于降低企业营销推广的成本，并增加消费者数量，推动企业成长和发展。

3.1.3 平台联盟：多个平台共同推广

平台联盟指多个平台进行直播预告。例如在直播平台上进行直播的同时，将直播链接分享到微博、朋友圈还有各大论坛和博客等各个社交渠道。除此之外，还能在抖音、快手等短视频平台等其他的直播平台也进行分享。分享的方式可以直接在资料上填写直播间链接，也可以在平台内上传直播的录屏，进行短视频分享。

有许多主播都会在各大平台通知直播消息，或者分享直播的精彩瞬间。如图3-4所示为某游戏主播在其微博和B站中的游戏直播视频分享。

图 3-4 某游戏主播在其微博和 B 站中的游戏直播视频分享

3.1.4 线下活动：传统的推广方式

线下活动作为营销推广方式的一种，主要是利用实际生活中的活动获取更大的网上流量，进而取得最优的推广效果。

打个比方，为了宣传一个品牌，你在学校做了一场活动，活动主要是通过发传单或者做演讲的形式让路人了解你的品牌。这样的推广效果往往是很有限的，因为宣传的影响范围比较窄。但如果你在做活动的同时进行网络直播，那就会有更多的人从网上了解这个活动，尽管他们可能没有来到活动现场，但还是通过直播知道了这件事情，于是品牌在无形之中得到了推广。

线下活动推广是一种传统的推广方法，与直播相结合是不可更改的趋势。两者相结合能够最大限度发挥出营销的作用，是一件两全其美的事情。这样的推广模式的优势共有三点：粉丝较多、参与度高、传播范围更广。

3.2 跨平台推广：联合多个平台助力

跨平台共同推广可以在直播前对直播间的链接进行多平台分享。以抖音直播为例，抖音粉丝超过 50 万即可参与"微博故事红人招募计划"，享受更多专属的涨粉和曝光资源。除了微博引流外，抖音的内容分享机制也进行了重大调整，拥有更好的跨平台引流能力。

此前，将抖音短视频分享到微信和 QQ 平台后，被分享者只能收到被分享的短视频链接。但现在将作品分享到朋友圈、QQ 空间，分享给微信好友和 QQ 好友，抖音就会自动将该视频保存到本地。保存成功后，抖音界面上会出现一个"继续分享"的分享提示。只要用户点击相应按钮就会自动跳转到微信上，这时只要选择好友即可实现单条视频分享。点开即可观看，不用再手动复制链接到浏览器上观看了。

这些直播平台的分享机制，无疑是对微信分享限制的一种突破，此举对直播的跨平台引流和自身发展都起到了一定推动作用，同时也是跨平台推广的方式。

3.2.1 公众号引流：内容直抵粉丝

微信公众号是企业、商家和个人在微信公众平台上建立的账号。这些用户通过打造微信公众号来实现内容的群发，且这种内容是能直接送达给用户的。

首先，微信公众号基于公众平台对接的微信会员管理系统，发挥了营销推广的作用；接着在系统中展示了五个方面的内容：微官网、微会员、微活动、微支付、微推送。

可以说，微信公众号的本质是推广。基于此，在发展视频直播行业时，直播平台和主播也可以通过它来推广直播节目。当然，推广直播节目看起来很简单，其实要想高效地实现推广目标，还是应该掌握一定的技巧的。具体说来，可以从内外两个方面着手。

1. 内：做好自身公众号建设

对那些自身有着众多用户的直播平台和主播而言，自己建立一个微信公众号并做好公众号建设是在微信公众平台上可以选择的最好的直播节目推广方式。当然，那些没有大量粉丝和用户的直播平台和主播，也可以选择这一方式逐渐集聚粉丝并进行推广。

在对自己的公众号进行建设的过程中，需要注意三个方面，才能事半功倍。具体分析如下。

首先，在编撰内容和进行推广之前，需要给公众号定好位，明确微信公众号运营的目的，这是公众号成功的基础和关键。这需要做到这几点：确定运营基调；进行优先排序；把握发展重心。

所谓"确定运营基调"，就是从多个方面把握公众号的大致发展方向。具体内容如下。

（1）目标用户。需要确认自身公众号要针对的是关注各直播平台的用户，还是可能对节目产生兴趣的人。如果是前者，就有必要根据各直播平台的用户数据来安排公众号内容的编撰和推广；如果是后者，就有必要把节目内容尽可能地进行品质提升和最大范围的推广，以自身熟悉的领域的优质内容取胜。

（2）目标建设。需要确认自身公众号建设的首要目标是对内还是对外的：是在对内的形象塑造和品牌关系管理方面下功夫，还是在对外的吸粉引流和促进转化方面下功夫。无论是前者，还是后者，都需要把首要的建设目标与节目内容、推广信息结合起来。

所谓"进行优先排序"，就是对公众号的各个目标的发展，进行先后排序并划分发展的阶段。如上面提及的对内和对外的发展目标，首先发展哪一个目标并不代表要放弃另一个目标，只是一个先后顺序的问题。

所谓"把握发展重心"，就是对排序过后的各个阶段的发展细节进行更具体的确认，并准确把握其中心，为公众号向着更健康、更有利于自身平台和主播发展的方向提供前提条件。

其次，要编撰有吸引力的内容。对平台和主播而言，赢得更多的用户关注和赢得用户更多的关注是其推广节目内容的两个根本目标，这些目标需要通过各种形式的内容的编撰和打造来实现，具体有以下几点：

（1）内容有内涵和灵魂，包含长期满足用户兴趣需求的信息；

（2）紧扣时事热点，攸关用户切身利益；

（3）内容的布局有创意，描写具有场景感；

（4）在效果上要能走心，插图应该清晰、精美。

最后，需要公众平台推送内容的体验感。对用户来说，他们需要一些类型、形式和布局能够让人耳目一新的内容来丰富他们的体验感，内容只有满足他们的要求，他们才会有意愿去点击阅读。从这一角度来看，微信公众号可以从三个方面加以提升的，具体如下：

（1）在内容上加入各种活动，如打折促销、品牌故事等；

（2）在菜单上加入商城、多种支付方式等更加便利的入口；

（3）在互动上加入游戏互动内容或其他更有效的互动硬件。

2. 外：寻找实力大号进行合作

如果直播平台和主播觉得自身建设和运营一个微信公众号太费精力的话，那么他们也可以选择与微信公众平台上有实力的大号进行合作。具体说来，可从以下三个方面着手展开合作。

（1）选择合作账号。在此，要说明的是，并不是粉丝数量越多、影响力越大的账号越好，而是要选择与自身直播节目有契合度高、有相似目标用户群体的公众号。那么，基于上述两个条件，什么样的实力大号才是应该选择的呢？

直播平台和主播选择实力大号的标准一共有三条：微信统计数据、历史文章质量、内容更新频率。

（2）选择广告推送形式。在微信公众平台上，其广告的形式多种多样，无论是单图文，还是多图文，抑或是底部为文字或图片的图文，或者是文字直发，都是可选择的。当然，选择的推送形式不一样，其效果也就大不一样。

（3）设计好节目广告文案。这是决定转化率的重要条件，因此要多加注意，并掌握好设计的诀窍。首先，软文编撰不要太生硬，应该将宣传与文章内容生动结合；其次，封面应该与内容相匹配；最后，文案的标题要富有创新性和吸引力，但不要有太明显的广告痕迹。

3.2.2 朋友圈引流：可信度更高

利用微信平台不同的功能和构件所进行的推广，用户对其信任度是不同的，从朋友圈推广到微信群推广再到公众号推广，用户对其的信任度是依次削弱的。

其中，朋友圈这一基于熟人社交的强关系平台，对直播信息的推广的影响是不容小觑的。想要在自身的朋友圈中实现更广范围的推广，就需要通过自身的公众号平台和其他新媒体平台推出信息，然后再逐步扩散到好友中。而针对好友这一群体的推广，运营者应该分两步进行，具体如下。

1. 微信群覆盖：完成"朋友圈"量的推广

微信群的社交联系是明显不如朋友圈的，但它也是基于朋友这一圈子进行推广的主要途径，更重要的是，它能在量上胜于朋友圈。因此，企业和主播可以在第一时间把信息转发至微信群中，完成关系网的第一层级传播。图3-5所示为转发至微信群的直播节目信息。

图 3-5　转发至微信群的直播节目信息

2. 朋友圈宣传：完成"朋友圈"质的推广

在微信朋友圈中，可以转发直播节目信息，如图3-6所示。其所分享转发的信息所产生的影响程度会更深，这是由朋友圈中各组成人员与用户的关系决定的。微信朋友圈中好友的关系比微信其他功能所形成的关系更为密切，更容易得到支持和信任。因此在朋友圈转发直播信息，可以自然而然地得到好友的关注以及转发，从而获得二次宣传。

第 3 章 吸粉引流：实力圈粉很轻松

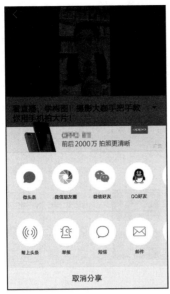

图 3-6 微信朋友圈的直播节目信息转发

对于那些刚进入视频直播领域的企业和主播而言，微信朋友圈的直播节目推广就显得尤为重要，因为这是他们打开推广场景和扩大受众范围的第一步，也是最重要的一步。将企业和主播的直播节目在自己的朋友圈中进行分享转发的那些受众，将会成为企业和主播的最初传播者和最忠诚的粉丝。

3.2.3　QQ引流：不容忽视的得力助手

在各种平台和社交网站中，QQ 平台是不可忽视的，对于营销传播和推广来说有着重要意义。因而，各企业、商家围绕这一平台展开了各种各样的营销。以下是 QQ 平台的营销分析。

QQ 应用具有普遍性，人们工作沟通、聊天和传送信息等活动都与 QQ 有关。

QQ 的营销作用和价值，表现在口碑宣传上。企业和商家在 QQ 平台投入了营销注意力，QQ 平台因此汇集了大量人力和资金。

而随着 QQ 平台加入了直播功能，这一平台的营销应用更是被企业和商家所关注，如果再在其中结合运用 QQ 平台原有的功能，那么，其直播宣传和营销效果将是巨大的、可期的。具体说来，在 QQ 平台上进行视频直播节目的宣传可以从以下四个方面着手。

（1）QQ 群

QQ 群是 QQ 平台上一个有着巨大利用商机和推广宣传市场的构件，利用它，可以从两个方面来为直播推广提供助力，具体如下。

① 建群。直播节目的主播可以建立一个自身的群，把受众和好友拉进群中，然后利用 QQ 群中的功能拉近主播与粉丝之间的距离。群的建立可以有利于成员之间的交流互动，进而增强粉丝与主播之间的黏性，提高粉丝忠诚度。除此之外，QQ 群还具有相册、投票、群链接、群活动等几大功能，这些功能可用于加强成员友好互动和资源共享。

当然，在 QQ 群建立和积累了众多粉丝后，企业和主播通过其发布的直播信息，将会被群中所有的人接收，达到不亚于微信公众号内容推广的直达效果。且这种方式有利于直播信息的全面覆盖，因此是一种非常有效的推广方式。

② 加群。除了自建群外，企业和主播还可以通过申请加入其他群来聚集粉丝和推广直播信息。在这一过程中，企业和主播一方面应该注意选择合适的群，如根据直播的内容主题来选择群，例如直播摄影相关内容的就搜索"摄影"申请加群；直播美妆相关内容的就搜索"美妆"申请加群，如图 3-7 所示。

图 3-7　QQ 平台上的"摄影"和"美妆"相关群搜索

企业和主播在加入群后还应该巧妙融入和进行关系维护，也就是说，不能一进入群内就进行直播信息推广，而是应该先与群内成员建立好关系，互动熟悉之后再逐步加入企业和主播的直播信息。这样才能不仅不会因为厌恶推广而踢你出群，而且还会在一定程度上有兴趣去接受直播信息和关注直播。

（2）QQ空间

QQ空间是一个极具个性的QQ平台构件。对于直播信息推广而言，QQ空间的优势主要表现在两个方面，具体分析如图3-8所示。

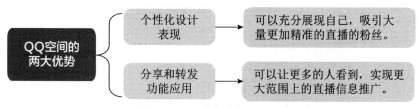

图3-8 QQ空间的两大优势

（3）QQ个性签名

与微信个性签名一样，QQ签名同样可用于直播信息的推广。其具体做法为：在"编辑资料"界面的"个性签名"一栏中，输入直播的主播名和直播号，这样才能很好地进行直播宣传推广。

（4）QQ信息回复

QQ作为一个社交平台，企业和主播总会与好友和粉丝打交道，因此可以借助相互间的互动，设置一些包含了直播节目信息的自动回复信息，这样也能吸引用户关注，并能让用户及时接收，从而提高企业和主播的直播推广效果。

3.2.4 软文引流：低成本大效果

软文，顾名思义，是相对于硬性广告而言的，它是由企业的市场策划人员或广告公司的文案人员负责撰写的"文字广告"。而相对于其他广告形式而言，软文广告无疑是一种低成本的广告。但就是这样一种低成本的广告形式，却创造出了巨大的推广和营销效果。基于此，视频直播行业也积极利用这一形式进行直播推广。如图3-9所示，为千聊Live上的利用软文推广直播课程的案例。

图 3-9　千聊 Live 的直播课程软文推广

而想要吸引用户点击阅读直播类信息的软文并实现很好地转化，就需要掌握一定的软文撰写技巧。撰写软文标题和正文，应该从吸引受众的角度出发来进行把握，从而提升用户的关注度，实现直播信息的推广，具体内容如下。

1. 绑定兴趣点

用户总会有一定的兴趣、爱好，或是在一定的时间范围内，因为某些方面的原因而对某一领域和方面感兴趣。如果运营者在直播推广软文撰写过程中，从用户长期感兴趣的一个方面着手，将软文标题、内容与用户兴趣绑定，就极易引起用户关注。

2. 凸显利益点

在社会生活中，人们总是关心着与自己切身利益息息相关的话题。如出行的人会关注目的地的天气信息，投资股票的人会关注股市行情和相关行业的政策变化，人们会普遍关注的养老政策的变化，等等。

在直播信息推广中，软文撰写者基于众多读者的利益点切入，找准读者关注的理由，如此写出的软文是不难引起读者去点击阅读的。

例如人生最重要的无非是两个方面，生活和事业。直播推广的软文如果能把直播节目与这两个方面直接联系起来，让人感受到其中存在的价值和利益点，那么受众会自然而然地去点击阅读，进而关注具体的直播内容的。图 3-10 所示，为某直播平台发布的一篇题为《他自爆爱逃学，却凭3个字考上北大，成功跨行成央视主持：拉开孩子未来成就的不是智力，而是这项能力！》的软文。

图 3-10　点明利益点的直播软文推广

这篇软文不仅在标题上点明了"爱逃学，却凭3个字考上北大"这一利益点，还在正文中举例说明了这3个字的重要性，为在事业发展中有着期望和相关性的受众提供了一个关注的理由。

3. 切入话题热点

所谓"热点"，就是在一定时期内，容易受到人们关注的话题或信息，主要包括两个方面的内容：现实生活中刚发生的或是还在持续发生的新闻热点；比较容易受人们欢迎的某些地域的热点。

更重要的是，这种热点是可以在纵向深入和横向延伸方向进行衍生的，具体内容如下。

- 一个时间段内的热点事件中的某一深入热点。
- 与热点具有关联性的横向延伸的扩散热点。

"热点"之所以被称为"热点"，就在于备受人们关注和分享。这一关注者基数决定了热点的吸引力。在关注者众多的条件环境下，微信公众号的软文撰写者如果可以在软文标题和内容中嵌入热点话题，就会极大地提升软文的搜索率，从而实现软文引流的目的。

例如在《脑科学家××：别再让"伪早教"毁孩子，激活孩子大脑，做到这3点就够了！》一文中，从标题和内容上把直播教育与幼儿早教结合起来，如图3-11所示。这篇软文不仅完成了切入话题热点的目标，而且充分展现了直播教育的价值和利益点，可谓利用双重吸引受众的关注点打造了一篇软文。

图3-11　切入话题热点的直播软文推广

3.2.5　微博引流：目标最大化

本节将对微博推广的方法进行详细介绍。所谓"微博大V"，就是在各微博平台有着众多粉丝的已获得认证的高级账户，其名称起源于其微博昵称附有的字母图标"V"。

微博的"大V"分为两种：一种是"机构认证大V"为蓝色图标；另一种是"个人认证大V"为橙色图标，如图3-12所示。

图3-12　微博"大V"的分类介绍

从本质上来看，微博"大V"是在微博这一社交平台上有着巨大影响力的特殊群体。这就使得其在各种信息的推广方面有着极大的优势，因而成为重要的推广渠道。

微博"大V"具有两个特点：一为拥有大量粉丝；二为微博内容具有吸引力。由于这两个特点，产生了"大V"一发微博就会拥有许多粉丝进行宣传的现象，所以促使许多企业和商家寻求合作，进行信息推广。

由于微博"大V"的推广优势，企业、商家在进行推广时，力图利用这一优势实现宣传范围的目标最大化，视频直播领域的推广也是如此。那么，企业和商家应该怎样利用微博"大V"进行直播节目推广呢？具体说来，其重点在于对微博"大V"的选择。关于这个问题，应该从两个方面来考虑，内容如下。

1. 行业相关性

当企业和商家所从事的行业与微博"大V"有着相关性时，它们之间就有着相似的粉丝群体和受众目标，因而在直播内容需求和产品需求上也是相似的，他们成为直播节目的受众的概率就会大大提升。

举个例子，假如企业和商家是美食行业的，那么它们进行直播推广的内容就是关于美食的。此时这类企业和商家就可以寻找发布相关内容的微博"大V"，与他们合作的效果将更佳。

2. 宣传口碑好

对于受众来说，企业和产品的口碑很重要，它是企业和产品获得受众信任的基础条件。拥有好的口碑的企业和产品，在微博"大V"的推荐下，往往能让受众更好地接收推送信息。一个有好的口碑的微博"大V"，随着运营者和受众之间的互动增多，也将获得巨大的效益，具体有下面三点。

- 受众忠诚度提升。
- 受众转化率提高。
- 微博"大V"形象优化。

而且，好的口碑是平台内容真实、准确的表现，由此会在一定程度上让受众产生"内容真实而准确，那么其推广的信息也必然更有效，推广的产品也将是真实的"这一认识。因此，选择宣传口碑好的微博"大V"，会自然而然地提升直播推广信息的价值。

3.3 粉丝的运营：打造直播私域流量

在直播的时候，我们需要利用粉丝效益，打造我们的私域流量。本节将介绍粉丝运营五步法，帮助你获得更多的粉丝。

3.3.1 私域流量：汇聚众多直播粉丝

这一小节，笔者要和大家分享一下未来商业的红利——私域流量池。为什么要分享这个内容呢？因为我们很多时候只是在做单纯的平台的运营，而没有把流量留下来。

这种做法有一个很大的弊端，比如你是做淘宝的，运营了一段时间之后，销量越来越大，但是突然有一天，你的店被封了，或者平台不给你流量了，又或者你的店不花钱去买流量了，那么你的顾客可能就不再是你的顾客。他们看到其他店铺有自己喜欢的东西，可能就不会再去关注你了。

私域流量池的特点是什么呢？它比较具有私密性，即用户在你这里看到的内容，是独一无二的。所以它的私密性，对于成交是非常有利的。

我们在打造私域流量池的时候，要注意以下几点。

第一点，私域流量池一定是生态化的，所以它要有价值点。价值点就是用户能从你这里得到什么。比如我在朋友圈里，每天都会分享一些运营抖音账号的方式、抖音内容创作的灵感、做什么样的抖音才能火等内空，这样我的内容对很多运营抖音账号的人来说就是有价值的。而且，除了抖音相关的知识之外，在我这里他们还能学到其他的内容。像我这样做，你就渐渐地拥有了一种生态化的私域流量池。很多人越来越离不开你，会越来越希望能够在这里长久地扎根下去。就像我一样，很多人跟我学了抖音运营以后，还想跟我学社群运营、微商运营、自媒体运营等。这其实是为自己的私域流量池提供了价值点，让你的客户越来越离不开你了。

第二点，找到产品的核心卖点。不管做的是哪种产品，产品都需要有卖点。比如你现在找我们来学习，可能是因为信任我们的专业度，也有可能是因为我们的课程更加完善。只要你的产品核心卖点能够打动客户，就能实现快速成交，甚至还能直接让客户成为你的私有流量。

第三点，个人的魅力。个人魅力很重要，比如同样是做抖音培训的，为什么有些人招收学员的收费比你的高，他为什么还能招到学员？为什么你的价格低却招不到学员呢？主要的原因可能就是他的个人魅力能够吸引到学员。

你一定要清楚你的个人魅力是什么，并借助个人的魅力，实现引流和流量变现。比如你有某方面的兴趣爱好，那么跟你有同样兴趣爱好的人，就有可能被你吸引，在你这里形成商业交换。

第四点，做好团队的管理。微信更适合用于团队的管理。你有微信群，可以随时通过它与团队成员沟通，很方便。不光是员工团队的管理，还有顾客的管理，我们也可以通过组建顾客的 VIP 社群来进行管理，还可以做标签管理。

3.3.2　公域流量：获得更多曝光机会

你在直播平台上吸引一个粉丝，他（她）就是一个粉丝，但是在微信上，这一个粉丝可能给你带来很多的粉丝。为什么呢？比如我们通过直播平台吸引一个人加了你的微信。这个人可能不想买你的产品，但我们可以把他（她）的价值最大化。

你可以请他（她）帮你转发一下朋友圈，或者请他（她）邀请 3 个人加你的微信，或者请他（她）帮你推荐顾客。这就是在进行用户裂变，通过一个人裂变出更多的人。你只需要提供给他们想要的内容就可以了。如果你在直播平台上吸引了 1 万人，这些人裂变的话，你知道那是什么概念吗？可能会有 5 万人加你的微信，这 5 万人可能就从用户成为了你的粉丝。

3.3.3　用户转化：将用户转化为粉丝

私域流量池更注重的是用户的转化，客户可能在多个不同的平台上，我们要做的，就是把这些平台上的人都吸引到我们的微信上来，然后进行转化和维护。

当你通过公域流量进行曝光时，会吸引新的用户点击观看你的直播，你的直播因而得到了推广，你要做的就是将这些新的观看用户转化为你的粉丝。这些粉丝的背后，其实是"流量"。粉丝的点击率就是你的流量，有流量就能有更多的收益。面对这些用户，主播需要主动出击，与他们建立信任感，可以从以下角度着手，吸引用户注意。

（1）对待事物的看法。你的看法和处事方式具有价值，且是正向的、积极的且独特的价值。

（2）为人的人品。作为一个主播，一定要注重自己的人品。很多时候，粉丝之所以为你的推荐买单，就是因为相信你的人品。

3.3.4　粉丝沉淀：粉丝的可持续变现

粉丝沉淀也就是要做好顾客的维护。我们都知道，在直播平台上或者是淘宝上很难实现二次成交。顾客买了你的产品以后，下次可能不在你这里买了，因为下次他很有可能搜索别的关键词了。但是如果我们把这些人吸引到我们的私有流量池，那么我们的产品和模式更新等的消息都可以及时通知到位。

这个时候会出现什么情况？用户很容易形成二次成交。我们都知道，私域流量池就是我们自己的流量，有了它，我们就不需要花费太多的成本在获取用户上，而可以把钱省下来去做用户的维护。你请专业的老师对他们进行指导，偶尔可以给他们组织活动。顾客的维护主要带来的是二次的成交，二次成交的实现永远比第一次成交要快得多。所以说我们一定要把顾客维护好，把服务做好。

3.3.5　粉丝召回：促使粉丝固定回访

粉丝召回是与粉丝实现多次成交，注重的就是多次成交和推荐。打个比方，你关注一家淘宝店，却不知道平常跟你聊天的是这家店里的谁。这家店每天与人沟通的内容都是冷冰冰的，只有产品。微信更注重的是有生活的交集，所以更容易实现多次成交。

这就是未来商业的红利，如果说，我们每个人都去积蓄自己的力量，把所有平台上能拉进自己私域流量池的人都拉进来，给他们组建生态，让他们愿意在这里待下去。每天朋友圈你只需要发四五条朋友圈，让用户觉得你的内容有价值。那你说，后期的卖货变现还难吗？先有了价值的认可，才会带来后续的成交。私域流量池有这么多的好处，有这么多可操作的事情，所以说每个人都应该打造自己的私域流量池。

第 4 章

商业变现：多元化盈利模式

本章主要介绍直播变现的盈利方式和直播变现的策略两部分。直播的盈利方式主要讲了粉丝打赏、电商导购、承接广告、会员付费、内容付费、游戏付费、版权发行、企业赞助这 8 种方法。随后又讲述了 7 条直播变现的策略，帮助用户更好地实现直播变现。

4.1 直播变现：8种基本盈利方式

对于直播营销而言，最终目的就在于获利，这也是进行和发展直播营销的关键。那么，直播这一内容呈现形式要怎样才能实现变现并盈利呢？

本节将从8种盈利变现方式出发，具体介绍直播营销的盈利变现过程。

4.1.1 粉丝打赏

粉丝付费鼓励，也就是人们俗称的"打赏"，是随着直播兴起而出现的一种盈利模式。与卖会员、VIP等强制性付费模式相比，"打赏"是一种截然相反的主动型付费模式。在主播发布直播内容时，粉丝主动向主播付费，他们的行为完全出于自愿。

粉丝付费鼓励与广告、电商等变现方式相比，用户体验更好，但收益无法控制。不过对于直播界的超级IP来说，这些方式获得的收益通常不会太低，而且可以在短时间内创造大量的收益。

粉丝付费鼓励的连接入口一般都位于页面右侧或下方，以PC端为例，在直播屏幕的右下角点击所选择的礼物，即可进入打赏，如图4-1所示。

图4-1　PC端直播间打赏入口

第4章 商业变现：多元化盈利模式

对于直播而言，打赏是一种主要的盈利变现模式，在直播过程中比较常见。总的说来，粉丝打赏形式有两种：一种是虚拟物品鼓励，另一种是现金鼓励。

其中，直播界的虚拟物品鼓励多出现在视频直播中，其变现流程包括两个步骤，下面以斗鱼直播为例进行介绍。

步骤 1 进入电脑端的个人中心，在我的资料中，用户等级的下方，显示了用户的鱼丸、鱼翅的数量，点击后方"充值"按钮，如图4-2所示，即可进入充值。

图 4-2 虚拟货币兑换

步骤 2 进入相应界面后，点击想要购买的鱼翅数量；然后选择你的付款方式；最后拿出手机打开选择支付APP进行扫码，即可完成充值，如图4-3所示。

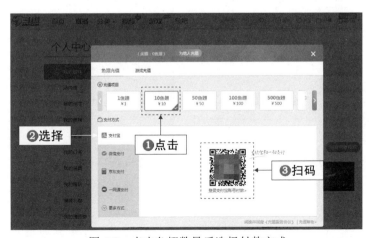

图 4-3 点击鱼翅数量后选择付款方式

直播平台和主播会按照一定的比例对获得的实际收入进行分成，如图4-4所示。而现金鼓励的变现模式，一般出现在语音直播中，如图4-5所示。

图 4-4 直播中的虚拟物品鼓励的变现案例

图 4-5 直接现金鼓励的变现案例

直接现金鼓励的变现模式除了出现在语音直播中外,也出现在多个平台的视频直播中,比如花椒直播、聚美优品等。与语音直播一样,在这些平台的直播中,也是以红包的形式出现的。

当然,在直播中想要获得更多的粉丝付费鼓励,除了需要提供优质的直播节目内容外,也是需要一定的技巧的。如主播和直播平台可以做一定的安排,首先开启粉丝付费鼓励,而"有一就有二",渐渐地,受众也会加入到打赏的行列中。

4.1.2 电商导购

在直播领域中,很多直播内容都是与电商业务联系在一起的。特别是一些直播 IP。他们在布局电商业务的同时,又利用其本身的强大号召力和粉丝基础,以直播的内容形式吸引流量,进行导流和电商变现。

例如淘宝直播就是一个以网红内容为主的社交电商平台,为明星、模特和网络红人等直播人物 IP 提供更快捷的内容变现方式。淘宝直播的流量入口被放置在手机淘宝的主页下方,如图 4-6 所示。

图 4-6 淘宝直播入口

进入淘宝直播栏目后,即可看到很多淘宝直播的主播发布的图文内容,而且这些内容大部分都是主播们原创的,图片也是他们亲身体验后拍摄的。在淘宝直播中,有很多主播的真实身份其实是美妆达人、时尚博主、签约模特等。他们本身自带一定流量。

另外,在其他的一些直播平台上,同样存在利用主播的高人气引导受众进入线上店铺进行购买的盈利模式。而且这种引流是跨领域的,甚至出现了游戏主播转变为日常礼品导流的现象。

对于互联网创业者或者企业来说,如果有合适的产品也可以联系淘宝主播 IP 来协助宣传,让他们来为店铺引流。

当然，那些没有开店而只是帮助商家推荐商品的淘宝主播IP，也可以从商家处获得佣金收入。在这种互联网电商模式下，直播主播IP充当了流量入口，为商家或自己的店铺提供了推广渠道。

这种用互联网思维卖货的主播IP电商导流模式，可以更加精准地把握客户需求，流量成本更低，转化率更高，而且具有更多的变现优势。

影响电商变现的因素有三个：商品上新速度、粉丝营销能力、供应链管控能力。此外，电商变现的优势包括3个部分：第一为商品销量高；第二为发展速度快；第三为营销能力强。

4.1.3 承接广告

在直播领域中，对于那些拥有众多粉丝的直播节目和主播来说，广告是最简单直接的变现方式，他们只需在自己的平台或内容中植入商家的广告，即可获得一笔不菲的收入。其中，广告的内容变现形式主要包括两类，即硬广告和软植入，具体介绍如下。

1. 硬广告

所谓"内容即广告"，这是众多视频节目的本质体现。因此，企业和商家可以在自己的直播节目中发布商家的广告，也可以直接转发商家在其他平台发布的广告和内容。比如在电视节目中冠名、植入商品LOGO等，如图4-7所示。

图4-7 《王牌对王牌》直播过程发布的硬广告

在现代社会中，任何一种产品、服务的营销推广都离不开宣传，尤其是在直播营销兴起的现在，商家更是频出奇招。而在符合受众需求、粉丝众多的直播中植入硬广告，则是非常有效的一种宣传方式。

不过，创业者和企业需要注意一点，那就是在每个广告中，要尽可能地加入正能量，这样既能引起受众共鸣，又能给受众留下良好印象。

2．软植入

商家广告通过直播内容不经意间植入用户心中，既为自己的产品做了宣传，又将广告的痕迹降到了很低。例如，直播综艺《我要这样生活》中的RIO微醺广告，如图4-8所示。

图4-8　直播中软植入的产品广告

4.1.4　会员付费

会员充值也是直播平台的一种盈利方式。会员用户一般都能享有更多的优惠福利。会员又分为平台会员以及电商店铺的会员，会员制的作用主要在于增强用户的黏性。

在"会员"的背后是"沉没成本"，主要是指人们作决策时，之前投入的成本，例如时间、金钱等因素。这样不可收回的成本很大可能会使人们对事物继续投资的意愿增强。

当人们花费金钱进行会员充值时，有时会产生"损失厌恶"感，即对于自己已经消费的金额产生害怕"浪费"的心理，进而继续购买，这在一定程度上减轻了他们心理上的认知失调。

1．平台会员

关于平台会员的设置，可以依照用户的使用情况，在其最需要的服务功能上进行"会员享用"的权限设置，或者设置在平台重要内容的位置，例如京东的PLUS会员，设置在网页的中央，如图4-9所示。

图 4-9　京东的 PLUS 会员

2．店铺会员

电商直播往往会设置"入会领取"的福利，如图 4-10 所示，点击之后即可选择成为会员，领取福利券。

图 4-10　店铺会员入驻福利

4.1.5 内容付费

在直播领域，除了打赏、受众现场订购等与直播内容和产品有着间接关系的盈利变现外，还有一种与直播内容有着直接关系的盈利变现模式，那就是优质内容付费模式——粉丝交付一定的费用再观看直播。当然，这种盈利模式应该基于3个基本条件：有一定数量的粉丝；粉丝的忠诚度较强；有着优质直播内容。

在具备上述条件的情况下，直播平台和主播就可以尝试进行优质内容付费的盈利模式。这种内容付费模式主要出现在自身有公众号的直播中，它是基于微信公众号文章的付费阅读模式发展而来的，如千聊微课、考虫等。图 4-11 所示为"千聊 Live"和"考虫"公众号上的部分直播付费内容。

图 4-11　"千聊 Live"和"考虫"公众号上的部分直播付费内容

关于优质内容付费的盈利模式，在尽可能吸引受众注意的前提下，该模式主要可以分为 3 类，具体如下。

1．先免费，后付费

这种方式适合那些有着优质内容，但直播业务的开展还处于初创期的平台。因此，开始时平台和主播需要让受众了解他们，这就需要通过免费的方式让受众来关注直播内容和主播，从而引起用户关注的兴趣，然后再推出付费的直播内容。

2. 限时免费

直播平台和主播除了在初创期提供免费直播课程外,有时还会采取另一种免费方式——限时免费。一般是直播平台设置免费的方式和时间,意在说明该直播课程不是一直免费的,有时会以付费的方式出现,提醒受众注意关注直播节目和主播。

还有些直播会开展"1元抢课"的活动,例如CCtalk教育直播平台中,专门设置了"免费领课"入口,用户可以在其中选择自己心仪的课程。课程分为四个模块:语言学习、职场考试、文化艺术和小初高。每个模块下都展示了相对应的课程,如图4-12所示。

图 4-12 CCtalk 免费领课

它与"先免费,后付费"的方式有着相似之处,二者都是免费和付费两种方式同时存在。但它们之间还是存在区别的,那就是"限时免费"方式的收费设置在设置免费时是不定的,可存在于任何时候,可针对任何节目,而"先免费,后付费"的方式是基于让受众了解直播节目和主播的目的而设置的,在"免费"和"付费"的选择上是有序的。

3. 折扣付费

为了吸引受众关注,直播平台与日常商品一样,采取了打折的方式。它

第4章 商业变现：多元化盈利模式

能让受众感受直播节目或课程的原价与折扣价之间的差异，当原价设置得比较高时，受众一般会产生一种"这个直播节目的内容应该值得一看"的心理，然而又会因为它的"高价"而退却，假如此时打折，就给了那些想关注直播的受众一个观看的契机——"以低价就能看到有价值的直播，真值"。

比如CCtalk教育直播平台上设置了"1元抢课"标签入口，用户进入后只需花费1元就能选择相应的课程进行学习，也有些课程是限时免费的，如图4-13所示。

在活动期间，还有课程大礼包，礼包内是折扣价的课程，如图4-14所示。

图4-13　CCtalk"1元抢课"

图4-14　CCtalk活动礼包

4.1.6　游戏付费

从"游戏道具盈利"这一短语中可以看出，其盈利的关键点还在道具上，而"游戏"是其所属的行业领域，它表示这一盈利变现模式一般出现在游戏直播中。下面以游戏行业为例，具体介绍以出售道具为盈利手段的模式。

相较于其他直播而言，游戏道具盈利模式明显存在不同之处，那就是游戏直播节目的内容是免费的，但是当受众要成为游戏玩家而使用道具时，那就需要购买道具了。当然，这也是游戏直播最大的盈利变现途径。

而游戏行业中之所以引入了道具盈利模式，其原因主要表现在以下3个方面。

（1）用户基础：直播受众与游戏玩家高度重叠，更利于转化。

（2）游戏刺激：通过直播直观地感受游戏带来的愉悦和刺激，让受众更有意愿去参与其中。

（3）实际效果：游戏道具在游戏中所具有的实际效果，通过游戏直播展示在了受众面前，刺激受众购买。

可见，在游戏直播中，特别是在游戏直播中所需要的道具种类繁多的情况下，刺激受众购买道具的盈利模式还是值得尝试的。具体说来，游戏平台和道具商城提供给游戏玩家的道具一般是按照其提升角色技能的表现来划分的，它们除了那些用于游戏的具体的道具以外，还包括其他一些用于游戏的抽象的道具，具体如下。

（1）游戏装备

这是常见的游戏道具盈利途径。就各种用途而言，游戏装备又包括多种类别，如各种提升能力的虚拟"丹药""武器"等。如图 4-15 所示为部分虚拟的游戏装备展示。

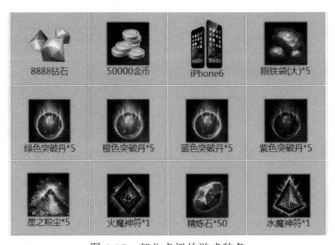

图 4-15　部分虚拟的游戏装备

（2）技能经验值

虽然游戏的技能不仅能在游戏过程中慢慢领悟到，也可以在观看游戏直播中学到，但是作为游戏道具盈利的一部分，它仍然是道具商城的重要商品，其原因就在于有些游戏是没有游戏技能熟练度设定的，而提升级别却是需要一定经验值的。

（3）角色属性

在游戏中，角色属性也可以作为道具的一个重要组成部分而存在，特别是游戏角色本身所具有的各种属性，例如级别、装备、技能等都是游戏角色的卖点所在。

其实，前面两种游戏道具都可在角色属性中找到。因此，想要快速提升自身在游戏中的角色能力，就完全可以通过购买游戏角色来获得。同是玩家的受众在观看直播时可能被某一角色吸引或因游戏所需而购买角色，从而实现盈利变现。

4.1.7 版权发行

在知识付费的时代，版权越来越受重视。知识类直播，可以利用版权发行盈利。例如许多音乐直播，就会先买到歌曲的版权，然后进行直播，这些版权歌曲的直播需要用户进行付费收听，或者充值会员后再收听。

许多平台都会对受欢迎的节目或者歌曲进行版权购买，再在平台内发行。例如爱奇艺平台，购买了线下热门的综艺节目《青春有你2》的版权后，进行了独播，如图4-16所示。

图4-16 《青春有你2》爱奇艺平台独播

4.1.8 企业赞助

企业的赞助费也是直播平台盈利的来源之一，因为一些企业会在做活动时找到平台进行联合直播或者借用平台的直播技术，并为此支付相关费用给平台。企业直播主要注重企业的活动宣传,这样的联合也使得直播平台本身得到了推广。

除此之外,有些企业为了提高自身的影响力,还会对直播进行赞助,以提高自身影响力。例如某网校与腾讯视频联合进行的课程直播,如图4-17所示。

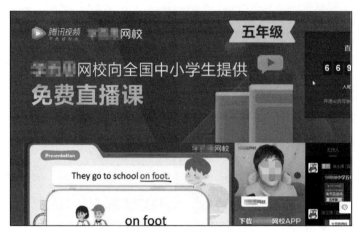

图 4-17　某网校与腾讯视频联合进行的课程直播

4.2 变现策略:探讨直播的商业价值

了解了直播变现的盈利方式后,我们该如何进行直播变现呢?接下来,我们将讲述 6 个直播变现的策略,探讨直播的商业价值。

4.2.1　充分展现优势

直播与以往营销方式最大的不同就是直播能够更加直观地让用户看到产品的优劣,从而让用户放心,并爽快购买产品。要做到这一点,商家就要在镜头前充分展现出产品的优势,具体做法为以下 3 点。

(1)远景、近景都要展示。

(2)展示商品细节。

(3)根据用户请求展示产品。

第4章 商业变现：多元化盈利模式

例如有一家专门卖彩妆用品的店铺，在直播中，为了让用户看得更加清楚，主播还将产品涂在手上试色，从而让用户买得放心。用户只要轻轻点击直播下方显示的产品图，就可以将看中的产品加入购物车直接购买，如图4-18和图4-19所示。

这个主播就做到了展示产品的3点要求，因此得到了很多用户的信任和喜爱，从而也使得直播流量得到了高效变现。

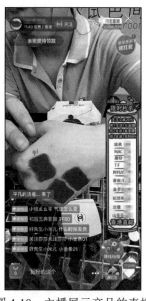 

图 4-18　主播展示产品的直播　　　　图 4-19　单击直播产品进入购买页面

4.2.2　专注一个产品

一个直播只做一个产品，这听起来会不利于产品的促销，但实际上为了让用户更加关注你的产品，专注于一个产品才是最可靠的。而且，这种方法对于那些没有多少直播经验的企业来说更为实用。

直播经验的积累跟学习一样，要循序渐进，不能囫囵吞枣，一口吃个胖子。一般来说，企业的直播专注于一个产品的推广，成功的概率会更大。当然，在打造专属产品时，企业尤其应该注意两点，如图4-20所示。

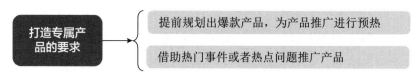

图 4-20 展示产品的技巧

通过这两种方法,企业的产品就会进入用户的视线范围之内,给用户留下深刻的印象,从而为产品的销售打下良好的基础。

4.2.3 福利吸睛诱导

想让用户在观看直播时快速下单,运用送福利的方式能达到很好的效果。因为这很好地抓住了用户偏好优惠福利的心理,从而"诱导"用户购买产品。

在直播中,主播为了最大限度吸引用户购买产品,可发出各种福利,比如打折、送福袋、秒杀等。如图 4-21 所示为主播在展示产品的质地、样式。用户如果觉得合适,就可以在直播页面的下方点击产品链接,直接下单,如图 4-22 所示。

图 4-21 展示产品

图 4-22 直播中的打折产品

在直播中,主播以"福利"为主题,使出了浑身解数进行促销。首先是为用户全面介绍产品的优势;其次是主题上表明"品牌""一折"等关键字眼,引起用户的注意；最后是直接在直播中送超值红包购买福利。通过这些努力，观看直播的用户越来越多，流量也不断转化为销量。

一般的企业、商家在上新时都会大力宣传新品，这时候如果使用新品送福利的方法，替用户摆脱了由于新品价格高昂而放弃的烦恼，那么用户不仅会对新品充满无限期待，还极有可能毫不犹豫地下单。

除此之外，折扣、清仓的方法同样也很适用。而且这种送福利的方式能更大程度地调动用户购物的积极性，清仓优惠谁会舍得错过呢？

直播开场白也可以抽奖的形式开始，吸引用户关注，并且在直播间内，可以选择配置较高的礼品进行抽奖，让用户舍不得错过。同时在直播间中，也可以不定时反复进行优惠券抽奖。

> **专家提醒**
>
> 此外，在直播中给观看的用户发送优惠券也会吸引用户。人们往往都会对优惠的东西丧失抵抗力，就像平时人们总会愿意在超市打折、促销的时候购物一样，用户在网上购物也想获得一些优惠。

送优惠券的方式分为如下三种。

- 通过直播链接发放优惠券。
- 在直播中发送优惠券。
- 在直播中抽奖送礼物。

4.2.4　体现物美价廉

在直播中体现物美价廉是吸引用户关注并下单的又一个技巧。比如主播在直播时反复说"性价比高，包您满意"等语句。有很多人觉得这样吆喝太过直接，但用户其实需要主播向他们传达这样的信息，因为大部分消费者都持有物美价廉的消费观。

4.2.5　设悬念网人气

制造悬念吸引人气是很多商家一直都在使用的一种营销方法，而这对直播变现也同样适用。比如在直播中与用户互动挑战，激发用户的参与热情，同时也使得用户对挑战充满期待和好奇。

此外，设置直播标题和内容，制造双料悬念，也是网罗人气的绝佳方法。有些直播标题虽然充满悬念，但直播内容却索然无味，这就是人们常说的"标题党"。那么，要如何设置直播标题悬念呢？笔者将其总结为3种方法：第一，用谜语设计解密式悬念；第二，设置日常生活，制造悬念；第三，设置事件，制造人物悬念。

制造直播内容悬念，就要根据企业自己的实际情况进行直播，一定要考虑到产品的特色以及主播的实力等因素，不能夸大其词。例如在淘宝直播中，有个名为"高阶撩人小心机"的直播间，主播用"撩人"的事件制造悬念，吸引用户点击关注。用户进去后，主播会教她们挑选合适的饰品，如图4-23所示。另外，还有一个叫作"我是男生，逆天化妆术"的直播间，利用性别和封面制作视觉上的差异，吸引人查看，如图4-24所示。

这些标题隐约带有悬念的意味，用户知道这是一个直播，但带有悬念的直播更容易引起用户的好奇心，从而将其转化为粉丝，实现变现。因此，设悬念不失为直播变现的一个绝妙策略。

图4-23 高阶撩人小心机

图4-24 "我是男生，逆天化妆术"的直播间

4.2.6 产品多重对比

对比的方式多种多样，可以是价格上的对比，也可以是质量上的对比。制造对比的最终目的，都是突出自家产品的优势和特点。单一的对自己的产品进行营销，会让人觉得痕迹过于明显，或者概念模糊，然而通过对比，就能在对比中将产品的特点显现出来。

1．价格对比

价格对比，可以制定优惠价，例如将店铺的商品与实体店的商品进行价格对比，凸显出直播商品的价格优势，从而吸引用户购买。

2．质量对比

进行产品的质量对比时，我们可以利用其他仿制产品、劣质品等作对比。例如卖正品球鞋的店铺，可以用正品与其他仿制的产品进行对比，讲述正品的细节，并且教他人如何对比产品，分辨假冒伪劣产品。

还有一些常见的运用对比方式的是卖真皮包包的店家，这些店家通常会讲述自家商品所用的皮料，将真皮和人造革进行对比。

> **专家提醒**
>
> 当然，主播在将自家产品与其他产品进行对比时，也要注意文明用语，不能以恶劣、粗俗不堪的语言过度贬低、诋毁其他产品。只有这样，用户才会真正喜欢你的直播，信赖你的产品。

4.2.7 融入场景表达

表达的主题并不是你的产品，而是直播内容的核心部分。就像在电影、电视剧里植入产品广告一样，电影和电视剧要表达的核心内容才是主题，即便是植入，也要尽可能地和主题有所关联。

1．产品主题化

在进行直播时，我们需要先确定主题，然后根据主题策划内容，再将产品融入视频中。场景表达的主题需要与你的产品具有相关性，不然很难融入直播中。

如果你要表达的主题是展示舞蹈,那么你可以穿上店铺中销售的服装展示跳舞的场景;如果你要表达的主题是怎样做好的一道美食,那么你可以将店铺中销售的食品当成烹饪的食材,用店铺中销售的厨具进行烹饪,展现烹饪的场景。

2. 产品道具化

将产品作为道具融入场景,可以更好地凸显产品的优势,刺激用户的购买需求。而因为这种融入能够在一定程度上弱化营销的痕迹,所以,也不会让用户对产品和商家生出反感情绪。图4-25所示的视频中,就将红包这种产品作为道具融入了拜年的场景中。因为红包本身的特色,以及有趣的视频内容,吸引了许多用户的关注。

图4-25 将产品作为道具融入场景

文案台词篇

第 5 章

爆款标题：勾起用户的兴趣

　　本章主要介绍了直播爆款标题的取名技巧，为想要做直播的用户提供了7种命名直播标题的思路和5个热门直播取名的技巧，主要包括热词型、借势型、数字型、提问型、语言型等，可帮助大家解决直播间取名的难题。

5.1 标题命名思路：展现特色的直播标题

很多用户想要做直播，但是不知道该如何给直播命名。在本节中，将为大家介绍一些直播标题命名的思路。

5.1.1 经验分享：授之以"渔"型

在生活中，包含经验分享内容的标题特别受用户喜爱，因为用户经常带有目的去观看直播。比如有的用户想在直播中吸取某一方面的经验与诀窍总结，那么主播在向用户分享相关的经验时，就要在标题上体现经验分享内容，如图5-1所示。

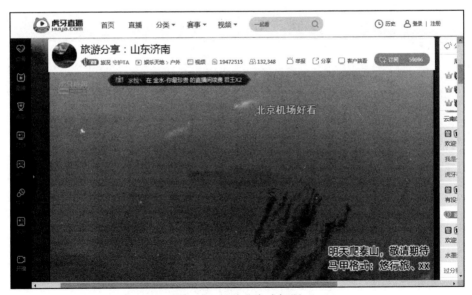

图 5-1 经验分享式标题

当然，取这样的标题对主播的逻辑性要求也很高。一般的做法是通过对各平台上的大量直播进行对比，取一个让用户眼前一亮的标题，而且标题简单而明了，用户观看之后可以少走很多弯路。

另外，需要注意的是，经验式标题下的直播内容，需要具有一定的权威性以及学术性，或者至少经验性较强，当然也可以是主播自身特有的经历的分享，或者是能够供大家参考的个人经历。

5.1.2 专家讲解：利用专业权威性

所谓的"专家讲解"类标题，是以表达观点为核心的直播标题形式。它一般会精准到人，会将人名和群体名称放置在标题上，在人名和群体名称的后面紧接着补充对某件事的观点或看法。

下面就来看几种专家讲解类标题的常用公式。专家类直播展示标题形式在运用中出现了许多形式，在直播中通常也会邀请专家、教授进行采访或者参与直播。

一类是"某某：×××"形式，这一类标题通过冒号把直播的主讲人与直播内容隔开，很好地突出了直播的重点，同时也让用户可以一眼就明白观点内容。如图5-2所示就是采用此类型的形式。

图5-2 "某某：×××"形式的直播标题

另外，观点展示标题还有一种形式，那就是对提出观点的人做了水平或其他方面的层级定位的直播标题形式，其实也可以说它是上面所示的基础标题形式的变体。它意在通过提升进行直播的人的层级定位来提高标题观点和直播内容的可信度。

下面以"资深"为例，举例说明这类观点的展示标题，如图 5-3 所示。这一类标题，给人一种很权威的安全感，容易获得用户的信任。这一类标题所进行的直播也大都和人们关心的某一方面紧密联系，人们在看到自己所关注的某一方面的"资深"发言时，往往更愿意观看直播。

图 5-3　"资深"形式的直播标题展示

5.1.3　问题提出：提高直播专业性

问题提出式直播标题又称问题式标题、疑问式标题。问题式标题可以算是知识式标题与反问式标题的一种结合，以提问的形式将问题提出来，但用户又可以从提出的问题中知道直播内容是什么。一般来说，问题式标题有 6 种公式，只要围绕这 6 种公式撰写问题式标题即可。

第一类是疑问词前置句：

（1）"什么是 ＿＿＿＿＿＿＿＿＿"；

（2）"为什么 ＿＿＿＿＿＿＿＿＿"；

（3）"怎样 ＿＿＿＿＿＿＿＿＿＿"；

（4）"如何 ＿＿＿＿＿＿＿＿＿＿"。

第二类是疑问词后置句：

（1）"＿＿＿＿＿＿＿＿有哪些技巧"；

（2）"＿＿＿＿＿＿＿＿有哪些秘诀"。

下面来欣赏几则问题式标题案例。如图 5-4 所示为疑问词前置式标题，这一类标题通常将疑问词放在最前面，从而引起用户的注意。当用户看见如"为什么、如何、怎样"等一系列词语时也会产生相同的疑问，从而点开直播寻求答案。

图 5-4　疑问词前置式标题案例

如图5-5所示为疑问词后置式标题,这类标题喜欢将疑问词放在标题末尾,引起用户兴趣。人们往往对"秘诀、技巧、秘籍"等词汇具有很浓厚的兴趣,因为这一系列的词汇会给人能普及一些方便生活的小常识或是小知识的感觉,所以人们在面对这类标题时,会抱着学习的心理去观看直播,从而提高了直播的点击率。

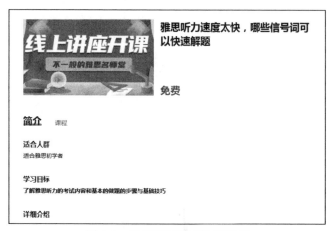

图 5-5　疑问词后置式标题案例

5.1.4　数字冲击:增强视觉冲击力

数字冲击型标题也叫统计冲击型标题,就是署有具体数据的直播标题。一般来说,数字对人们的视觉冲击效果是不错的,一个巨大的数字能与人们产生心灵的碰撞，很容易让人产生惊讶之感。人们看到这样的数字，往往想要得知数字背后的内容。

下面就来欣赏几则统计冲击型的标题。如图 5-6 所示为单一数字式标题，这类标题往往只有一个特别大或者极其小的数字，根据不同的直播内容在标题里运用一个极大或者极小的数字，可以达到令人惊讶的效果。

图 5-6　单一数字型直播标题案例

如图 5-7 所示为多数字对比式标题，这种标题往往采用一大一小的数字作对比的方式出现在标题里面，一大一小的强烈对比和巨大差异会给人造成一种视觉上的冲击和震撼。人们往往对数字很敏感，差异巨大的数字通常会引起人对它背后的信息的兴趣，所以当用户看到这样一大一小的数字对比的直播标题时，也更想要点进直播里面去一探究竟。

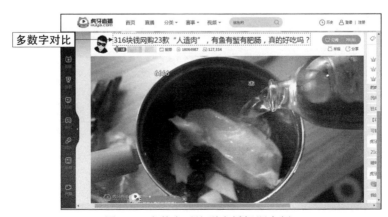

图 5-7　多数字对比型直播标题案例

5.1.5 十大总结：提升范围影响力

"十大总结"是指将物品进行十大总结和排名，例如"十大好物推荐""十大撩人小心机""正品牌名牌十大国产""瑞士十大品牌机械表""十大品牌鱼竿手竿日"等直播间标题，如图5-8所示。

图5-8 "十大"直播标题案例

"十大"型标题的主要特点：（1）传播率广；（2）在网站上容易被转载；（3）容易产生一定的影响力。此外，"十大"一词，代表的是选择和优化之后的结果，留下的内容都是编者已经选择好的精华部分，让用户免去了筛选这一复杂过程，这一类的标题通常也能带给用户更好的阅读体验。

5.1.6 同类比对：突出产品优势性

同类比对型标题是通过与同类产品进行的对比，从而突出自己产品的优势，加深用户对产品的认识和理解。

同类比对型有一部分仅仅只是同类产品的一个大盘点，各类产品的优缺点都有所展示，不刻意突出某一产品的功能，不带功利性质，如盘点同一类小吃在不同地区所呈现的味道、盘点某某地景区、盘点中国历史上的勇猛武将、盘点某国漫中的人物之类的。再比如，如图5-9所示，同类比对型直播标题"灵魂还原中华小当家宇宙大烧麦和原版哪个更厉害？"。

同类对比的产品，大都有某些相似之处，如价格、性能、特色等，分条逐列的将对比展示出来。比对式标题还可以加入悬念式标题的手法，能更加突显出标题的特色，从而吸引消费者注意。这类标题既用了对比，又有悬念，很符合当代人的口味，如"双强组合VS浪肖组合""期待你能来，遗憾你离开""有种差距叫'同剧同造型':不比不知道一比吓一跳,颜值再高气场依旧被带偏"等直播标题。

图 5-9　同类比对型直播标题案例

5.1.7　流行词汇:提高直播潮流性

流行词汇型直播标题,就是将网上比较流行的词汇、短语、句子(如"我不要你觉得,我要我觉得""我太难/南了""硬核""柠檬精""淡黄的长裙"等)嵌入直播标题中,让用户一看就觉得十分有新意、很搞笑奇特。

网络流行词汇常常被运用在微信朋友圈、微博中。因这一类网络流行语传播起来速度极其快,读起来诙谐幽默又朗朗上口,因此也常被用在直播的标题中,十分夺人眼球。比如"柠檬树下你和我",如图 5-10 所示。

图 5-10　流行词汇直播标题案例

在标题上运用流行词汇，紧跟时代潮流又充满创意，有夺人眼球的吸睛效果，用户们十分乐意去点击这一类型的直播。

5.2 命名规律：帮助主播提高直播热度

掌握 7 条直播标题命名思路之后，我们分析一下热门直播的命名具有怎样的规律，总共可以归结为 5 条，接下来将为大家一一陈述。

5.2.1 热词型：抓住用户注意力

在写直播标题的时候，仅仅注重钻研标题的形式是不够的，还要学会如何在标题中用关键词吸引用户，从而提高直播的点击量和曝光率。

1. 免费

"免费"一词对于直播标题的打造起着不可忽视的作用。在标题中适当且准确地加入"免费"一词，可以很好地吸引用户，如图 5-11 所示。

图 5-11 加入"免费"词汇的标题案例

"免费"一词可以很好地抓住用户的某种心理，当用户在看到标有"免费"一词的直播间标题时，往往会不自觉地想去查看是什么东西免费以及它的免费程度，这样用户们点击和进入直播间的概率就会很大。这一方法在直播的标题打造之中起着十分有效的作用。

说是"免费"其实并不代表就是真正意义上的免费,"免费"一词出现在直播的标题里也只是一个噱头,目的就是吸引用户的注意。在商业营销里面,"免费"这个词也有着十分广泛的应用,但它在"商业战场"上有一个特定的专业名词——"免费式营销"。直播间的标题之中加入"免费"实质上也是一种"免费式营销"。

"免费式营销"是一种基于消费者心理而提出的市场营销策略。相比花钱,消费者们更喜欢不要钱也能得到的东西。"免费"理念的提出也正是抓住了消费者的这一心理,这种营销方式可谓是"对症下药"。

"免费式营销"并不是真正的免费,这种营销理念的实质其实是小投入大回报的"钓鱼"营销理念。它的操作方式就像人们钓鱼一样,主播只需要在"钓鱼"的时候付出一小条"鱼饵"作为代价,便能收获一条或几条"鱼"的回报,而且这一方法和措施可以无限循环使用。"免费式营销"的最终目的就是要让消费者持续购买,这也是市场营销当中很常见的方法。

那么"免费式营销"又是如何独树一帜的呢?

在现代生活之中,商业竞争十分激烈,要想在商业竞争中获得较多的消费者,就不能仅仅想着商家自己了,还要在可持续性上下功夫。换言之,就是要提高消费者的购买率。"免费式营销"就很好地做到了这一点,它的实际操作十分简单。透过对"免费式营销"的一系列分析,我们也可以看出"免费"一词已经不需要再大肆宣传了,它方便了直播间的宣传。

2."全新""最新发布"

"全新"和"最新发布"皆有表示发生了改变的意思,这两个词汇放在直播的标题当中,都能让用户对直播内容产生新鲜感。

"全新"的意思就是与之前相比发生了天翻地覆的变化,和之前的完全不一样了。这一类标题所体现的内容一般都是经过一段时间的蛰伏或是消失了一段时间之后的重新回归。带有"全新"一词的标题多指某产品的重新面世,它所针对的用户大部分是以前的老用户,通过对之前产品加以完善和优化,然后进行产品宣传,也能在很大程度上吸引新的用户关注和尝试。

"最新发布"也代表某一产品的公布,给人的感觉较为正式。"最新发布"一词代表了消息具有很强的时效性。从用户的心理上来看,人们往往喜欢在某些事上做第一个知道的人，然后去跟别人分享，这就是人所谓的"存在感"。许多电子产品都会利用"最新发布"进行直播。如图 5-12 所示为 iQOO Neo3 新品发布会。

图 5-12　iQOO Neo3 新品发布会

3. "清库存""最后"

电商常常在直播中使用"清库存"一词，如图 5-13 所示。给人一种时间上的紧迫感，如同过时不候，促使用户赶紧点击以免错过。

图 5-13　加入"清库存"一词的直播间

第5章 爆款标题：勾起用户的兴趣

"最后"一词在直播的标题当中有着警示提醒的作用，当用户看到"最后"一词时，有一种想要赶紧进入直播间，否则就会产生抢不到的感觉。如图5-14所示为加入"最后"词汇的直播间。

图5-14　加入"最后"一词的直播间

4. "现在""从今天开始"

在直播标题当中，"现在"和"从今天开始"均代表一个时间节点，这类标题所讲的内容也是在这个时间节点之后才发生的事情。

"现在"是一个现在进行时态的词语，它表示当下的这一刻，也可以是指当下的一段时间。当这一词汇出现在直播的标题当中时，就表示了所写的内容是贴近用户生活的。人们所关注的大都是自己身边或眼下正发生的与自身息息相关的事情，当看见标题当中有"现在"一词时，用户就会点进去看看自己身边或当前发生了哪些事情。

"从今天开始"表示的是一个时间节点，即以今天作为界限直至未来的很长一段时间里。强调突出"今天"和"开始"，代表一个目标、政策或项目等将在"今天"开始变化或行动。

5. "这"指向性词汇

"这""这些"和"这里有"都是指向性非常明确的关键词，它们在直播标题当中的恰当运用，对直播的点击率影响巨大，如图5-15所示。

图 5-15　加入"这"指向性词汇的直播

在撰写直播标题的时候,光抛出一件事情或一句话有时候是不够的,有时候也需要引导用户并给出一些简单明了的指示,这个时候,在标题中切入"这""这些"就显得十分有必要了。

这两个词在标题里的应用道理很简单。举个例子,有人告诉你某个地方正在发生一件很奇怪的事情。当你想知道到底是什么奇怪的事情时,他只跟你说在哪里发生的,却不将这件事情仔细地讲给你听。最终你还是会自己去看看到底是什么奇怪的事情。这一类带有"这""这些"的标题就是以这样的方式来吸引用户的。

在直播标题中植入"这里有"的目的性也很明确,就是在告诉用户"这里有你想知道的内容",或者"这里有你必须要知道的内容",从而让用户点击直播。

这一类标题大都采用自问自答的形式又或者是传统式的叫喊,比如"这里有你想要的气质美""大码爆款 T 恤这都有""这个直播间有 1 元福利"之类的。这种标题无须太多技巧,只需适时适当地知道用户想要的是什么就可以了,避免了其他形式标题的弯弯绕绕,又不会出太大的差错。

这种类型的标题比其他的标题更简单清楚直接,用户在看到这类直播标题时对直播内容有了一定的了解,对标题里所提到的信息点感兴趣的用户也会进入直播间。这样一来,直播间的点击率就会提高。

6．"怎样""哪一个"

"怎样"和"哪一个"都具有选择和征求意见建议的意思,这两个词汇出现在直播的标题当中时,也给了用户一个选择,让用户参与到直播当中来,从而达到主播与用户之间产生互动的效果。

"怎样"一词在标题撰写当中一般有两种意思,一种是指怎么解决,讲的是方式方法,展示的内容是要帮助用户解决生活或工作当中的某一种较为普遍的问题,为用户出谋划策;一种是主播讲述一件事,征求用户的意见和建议。

当它以方式方法的意思出现时,人们关注的也就是解决问题的方法;当它以征求意见的意思出现时,表现了主播对用户的一种尊重,用户的直播体验也会因此而大大提高。当然,对于"怎样"的运用不能仅仅只局限于它的某一种意思和功能,而要根据直播内容灵活运用。

"哪一个"在直播标题当中出现时,就代表了一种选择,它比"怎样"一词所表示的选择性更为明确和直观。带这一关键词的直播间标题其实在无形之中就与用户产生了互动,有了互动才能极大地调动用户的积极性,让用户更愿意参与到阅读和互动当中来。例如"想让我介绍哪一款呢""喜欢哪款鞋跟主播说""这么穿,哪里显胖""办公本游戏本哪款更合适"等。

7. "你是否""你能否"

"你是否"和"你能否"同属于疑问句式,在标题中出现代表了对用户的提问,这一类标题更加注重与用户的互动。

"你是否"这一关键词的意思就是"你是不是怎样",是对用户现状的一种展示。这样的标题出现在用户面前时,用户会下意识把标题当中的问题转移到自己身上,进而开始反思。再加上对用户的提醒,让用户联系到自己身上,那么不论用户自身有没有标题里所提及的问题,他们都会下意识点进去看看。就像星座,尽管很多人并不相信星座,但看到与自己的星座相关的解析出现的时候,都会下意识去查看。

"你能否"这一关键词的意思就是"你能不能怎样",通常是在问用户能不能做到像直播标题里说的那样,它表达的是对用户能力或是未来状况的一种表达或预测。这一种标题通常能给用户一种指示或灵感,让用户能够去发现标题当中所涉及的能力或者趋势。

这一种标题通常能够让用户了解到自己是否具备标题当中所说的某一种能力,或是有没有把握住标题所涉及的趋势。这样的标题之所以能吸引用户,是因为它在问用户的同时又能让用户反思自己。既能让用户获得信息,又能让用户进去后有所收获，这样的直播间，往往更能让用户点击。例如"你是否有便秘""秀发问题是否有困扰""你是否被偷拍跟踪过""你的面膜是否适合你"等，就是这种形式的直播标题。

5.2.2 借势型：强化传播影响力

借势主要是借助热度，以及时下流行的趋势来进行传播。借势型的运用具有 9 个技巧。

1．借助热点

人们总说起热点，那么什么是"热点"呢？

其实关于"热点"一词的解释很多，该词所使用的地方也很多，但本节所讲的"热点"所涉及的范围不是十分宽泛。"热点"就是指在某一时期十分受人关注的新闻、事件等，某些特别受人们欢迎的事物也叫作热点。

"热点"最大的特点就是关注的人数众多，所以巧借热点事件或者新闻而写出来的直播间标题，也就会因为"热点"的关系而使直播间的关注度和浏览量都得到提升。那么"热点"从哪里来，怎么用到直播标题当中去呢？

"热点"传播一般是通过各大网络渠道，例如微博、百度、抖音、快手等。"热点"大多来自于国家政策或是社会上发生的具有影响力的事情或者新闻，这些事件或是新闻在民众之中传播比较快，人们耳熟能详，并且时常加以讨论或是研究。"热点"之所以能被众多人关注，是因为它与国家大事或与人们的生活息息相关。

在撰写直播标题的时候，借助"热点"事件或是新闻，能在很大程度上吸引那些关注"热点"的粉丝和观众，也能使直播间的曝光率和流量增加。

2．借助流行

"流行"一词其实是一种社会心理现象，指在某一时刻或时间段内，人们所接受并付之于行动、语言等方面的某一种观念、行为或事物的从发生到结束的一个过程。

简单来说流行就是指某一事物、想法、语言行为等从出现到被众多人接受并广泛运用，直到最后彻底结束的一个过程。流行所包括的事物范围很广，比如流行语言、流行音乐、流行颜色、流行造型、流行服饰等。

很多直播的标题当中也经常会借助到流行元素，借流行元素来达到让直播间点击率提高的效果，因为某一事物能"流行"，一定是因为有众多的人参与和模仿，如果只是单单有某一部分人接受它，就不能称之为"流行"。

"流行"和"时尚"有着本质上的区别，所谓"时尚"是指在某一时间段内，具有高品位、欣赏性、美感等能给人身心带来巨大愉悦和享受的某一事物。"时尚"是小众范围里的东西，因其具有高品位、欣赏性和美感等特点，所以不太能够拥有众多的"追随者"。

"时尚"比较小众化，相比之下，"流行"则显得更具包容性和普遍性。"流行"的事物或者观念一般能涉及大部分人，如流行音乐，就是大部分人都有能力去消费和欣赏的。打个很简单的比方，"时尚"就好比交响乐，而"流行"则是街头小巷人人都能哼唱几句的流行乐。"流行"的事物或者观念有其"流行"的特点，人们总是能够在流行的事物或观念里面，找到某种自身需要的精神或心理上的慰藉。

借用"流行"的势头来撰写直播标题，可以充分应用到"流行"这一词的特点和喜欢"流行"的用户的动机，以此来达到使直播间流量增加的效果。

在直播间中出现的流行元素可以是多种多样的，既可以是流行词汇或流行歌词，也可以是当下正在流行的一部电视剧或是电影。借助这些被广大用户所了解和津津乐道的元素，直播间的推广会变得更为简单，用户在看到这种自己喜欢的事物所写的直播标题时，便或多或少会在直播的标题当中找到归属感。

3．借助名人

"名人"起先是指在某一领域内有较高威望的人，如军事家、文学家、政治家、艺术家等；有时候也特指在历史上有过重要贡献的人，如"名人名言"中的"名人"就特指在历史上有过重要贡献或突出贡献的人。"名人"在不断发展的过程中，所指的对象也开始发生变化，如今人们口中所说的"名人"，也指明星演员等。

名人相对于普通人来说有一定的权威性，人们对名人也往往十分相信。比如某品牌的手机选择大火的某明星代言，那么这款手机的销售量就会因为该名人的知名度而剧增。借助名人势头在现代社会已经是很常见的事情了，众多品牌在打广告的时候都会选择用当时关注度很高的名人代言,从而借助名人的关注度,来提升自己品牌或产品的关注度。

这一方法对于直播标题的选取也一样十分实用。在给直播取标题时借助名人的势头,可以大大加强直播的权威性。人们在看到这样的标题时,会觉得这种标题下面所写的内容一定是"有道理"的。

比如某直播标题之中出现了与某大红的或是关注度极高的名人有关的事情,这个直播的点击率就会很高,这也就是所谓的"名人效应"。图5-16所示,为格力电器的京东直播间。

图 5-16　利用名人的直播间

借助名人势头的标题一般分为两类,一类是标题之中直接用"名人"名字的,直接将某名人的姓名放在标题之中,能大大增强用户的观看欲望;另外一种是用名人作为嘉宾,将名人作为直播嘉宾参与直播。

4. 借助牛人

"牛人"一词是网络用语,多指做出过一些令人意想不到的十分厉害的事情的人。这个词一般用于对一个人的敬佩和赞叹,现在也把在某一领域做得尤其出彩的人叫作"牛人"。现在流行的一句话叫"高手在民间",所谓"高手"也就是指这些"牛人"了。

"牛人"大都身怀绝技，所以当一篇直播间的标题出现了"牛人"一词时，用户往往会想要看看。

从草根变成"牛人"，这是众多人都向往的。当然，"牛人"也有不同，有些"牛人"通过自己的努力成为某些领域顶尖的人物，当人们再到这样的"牛人"时，也会想看看这样的"牛人"身上有哪些是值得他们去学习和借鉴的。比如在互联网领域已经做出傲人成绩的"牛人"，如马云、马化腾、雷军等。

还有一类就是普通人，但他们也因为在某一领域的出色表现而被人所熟知。这样的"牛人"可能是通过某节目或是有人将其"绝技"拍摄下来上传到网上而被人所熟知，当用户看到这种标题的时候，通常会点击查看这个"牛人"到底哪里"牛"，是如何变"牛"的？

5. 整合热点

我们在撰写直播标题的时候，光关注"热点"是不够的，还要整合"热点"。什么是"整合热点"呢？就是将零散的"热点"都收集归纳出来，并做一个合理的衔接，从而帮助人们更好地进行信息共享和协调工作。

直播的标题撰写如果只是对一个"热点"的整合是不行的，还要提炼出比"热点"更多的东西。就好比有一个出题者给你一堆散落在各个角落的数字拼图，你要做的工作并不仅仅是将这些散落的小零件收集起来，也不是将它们随意拼在一起，而是要将它们有序地拼好才算完成任务。这个"有序拼好"的结果早已经和出题者叫你"收集散落的小零件"时的意图不一样了。虽然这个结果在意料之中，但刚开始有可能想不到这么多。

在给直播取标题时，"整合热点相关资料"就是像"拼图"一样的一个过程。当你看到整合出来的东西时，你会觉得这是在意料之中的，但在别人没有整合出来的时候，你并不一定能想到那么多，这也是部分和整体的区别。

6. 热点答疑

"热点"的特点是关注度高和关注人数众多，所以我们在撰写直播标题时，如果在标题当中涉及某"热点"的话题，就会让这个直播有极高的关注度，这是之前所说的标题借助"热点"的势头。

在现实生活中，某一"热点"突然袭来，用户们大都只是跟风关注，其实并不知道这个"热点"真正要讲的到底是什么、有什么与自己有关的利害关系或是发展前景、对自己的工作或是生活有没有影响等。所以我们在撰写直播标题的时候，如果是在对"热点"进行答疑解惑，那么会让更多关着这一"热点"的用户产生兴趣。了解这一"热点"的用户会想要更加深入地了解这一"热点"的实质内涵或是发展方向等，而不是很了解这一"热点"的用户在看到这一类对"热点"进行答疑解惑的标题时，会想要清楚地了解这一"热点"到底是怎么回事。

7. 制订方案

所谓"方案"，就是对某一工作或是某一问题所制订的计划。在给直播取标题时，用方案借势是十分有效的打造品牌或者推广品牌的方式了。在大品牌中运用方案借势，效果是尤其明显的，自己制作方案为自己的品牌或产品造势。

大品牌用方案造势的例子很多，比如现在所熟知的"双11购物狂欢节"，就是阿里巴巴集团联合各大电商平台，包括天猫、苏宁易购等进行的十分成功的营销。还有"520告白节""京东618"等活动，都是平台造势的案例。

8. 情绪带动

人们常说的情绪，除了喜、怒、哀、惊、惧等常见的普遍情绪以外，还包括一些经常接触但总是容易被忽略的情绪，如自豪、羞愧、歉疚、骄傲等。

大部分人很容易被某一种情绪所带动，尤其是人们十分关注的事情或者话题，更容易调动用户的情绪，比如5月20日，借助"告白"的势头所进行的有关"告白"的直播，就很容易调动用户或观众的情绪。

这也就告诉我们在撰写标题的时候，要学会借助某一热门事件或者人们十分关注的事情，从情绪上调动用户观看的积极性。学会用带有能调动用户情绪的热点话题，就能在很大程度上吸引观众的注意力和眼球。

在标题当中所体现出来的情绪，能够让用户深刻感受到。所以，借助人们都十分关注的事情，或者某一热门的势头，来撰写带有情绪的标题，自豪的、高兴的、悲伤的情绪等，都要让用户在标题当中就能体会到。

9. 图片吸引

现在的直播早已经离不开封面的配合了，用图片的方式展示内容有一个很直观的效果，那就是用户的阅读感受会比光看文字有所不同，在文案的标题里面，加入如"一张图片告诉你"这样的话语，再加上对直播内容里面图片的专业性概括，不仅能让用户知道内容是以图片的方式呈现出来的，还能让用户知道图片的内容大致是什么，也会让用户乐于点击直播查看。这类最常见的例子是在美妆产品直播带货中，用妆前妆后照片进行对比。

5.2.3 数字型：标题更具说服力

数字的展示会给人更直观的感受，并且准确的数字会增强内容的说服力，数字的利用主要具有 11 种方式，本小节中将进行汇总讲解。

直播采用数字型标题会更加吸引用户的眼球，因为数字是一种很简单的文字，它既没有复杂的声调，读起来也不拗口。

就数字本身而言，它的读音和书写都是十分简单的，普及面十分广，甚至在全球通用。这也就表明，如果一个直播标题中出现了一个数字，那么它会第一时间引起用户的关注。

如今的时代是一个数字化时代，任何事情都和数字挂钩，人们的日常生活也都离不开数字，所以将数字加入到直播标题中，是一个很好的吸引用户的方法。用户在观看直播的时候，一般希望能够不费太多心力就能简单清楚地看懂直播到底说的是什么，如果我们将数字放入直播标题中，就能很好地解决用户的这一想法。

1. 利用人数

我们在撰写直播标题的时候，加入表示"人"的数量词，就可以很好地引起用户的重视和注意，可以让用户准确地知道和了解这一直播到底说的是什么，有多少人在关注，往往越是简单、清楚、拿数据说话的标题越能引起用户的注意。

2. 利用钱数

在生活中，有很多东西是随时随地都能引起人们的关注的，不管大小或是多少都能被人们注意到，甚至津津乐道，比如"钱"这一字眼。

"钱"在人们的日常生活里扮演着十分重要的角色，人们的生活和工作都离不开它。话说"无钱寸步难行"，虽然这句话从一定层面来看有点偏激，但不得不承认"钱"在生活中所扮演的角色是多么的重要和不可缺少。有关于"钱"的信息一般很容易被人注意到，这一敏感的字眼不管出现在哪里都能吸引人们的视线，受到人们的关注。

所以，带有"钱"的数量的数字型标题常出现在直播标题中。一般说来，能让人通过标题对直播产生好奇的、带有"钱"的数量的标题有两种不同的情况，具体如下：

- "钱"的数额对于普通人来说特别巨大；
- "钱"的数额对于普通人来说很小，普通人看到这种金额比较小的标题的时候就会产生兴趣。

像这样的数额巨大和数额极小的两种极端的存在，在引起用户震惊的同时也勾起了用户的好奇心。用户在看到这种标题的时候会想要去查看标题中所出现的"钱"的具体情况。

其实，表示"钱"的数量的直播标题还有一种比呈现情况，那就是大数额与小数额同时出现在标题里面形成了对比。这种直播的标题比那种只有一个金额的标题有更强烈的对比，从而更能给用户带来一种视觉和心理上的冲击。

3．其他数量

直播标题当中的数量，除了表示人或者钱以外，其他东西的表达也离不开数量的运用，比如"几百吨水""几本书""两三瓶颜料""一碗饭"等，很多的"物"也需要用数量来表达。

人们的日常生活离不开数量的应用，就算最原始的"结绳记事"也是对数量的运用。所以，除了很多特定的需要量化的事物，如时间、金钱等以外，很多的"物"也是需要用到的。

在直播标题上，思考的范围和题材都是非常广泛的，不仅仅只是表示"人""年""天"等这些比较特别的单位名词的时候，才会用到数量。这也就要求我们在撰写直播标题时，要合理地使用"物"的数量表示方法来吸引用户的注意。因为日常生活中所能够涉及的"物"是很多的，所以这类直播标题在取材上是无须太过担心的。

"物"既可以是日常生活中常见的物品，又可以是用户们想要了解却又不了解的东西。契合用户常关注的目标事物——人们往往关注的也就是生活中常见的事物，或是自己还不知道的东西。将这些用户们感兴趣或者主播有意让用户们感兴趣的"物"，用醒目的数字表现出来，避免了用户自己还要去找寻或是归纳的复杂过程，能让用户更愿意去点击直播。

4．利用年数

"年"相对于其他时间单位来说算得上是比较长的了,人们每一天都在跟时间打交道,自然也就离不开对时间的量化了。

"年"对于人来说就是一个经常提到的时间单位。"年"所表示的时间长短,在部分人心里是很长的,但在一部分人心里有时很短,其实"年"的客观长短是没有太大变化的,然而不同的用户看待同一时间单位"年"的感受却是不一样的。

其实在直播标题中出现的"年",从直观上看有表示时间长短的意思,但这个"年"在标题里面出现,有时候又不仅仅只是表示时间的长短,还能表示超出时间之外的含义。"年"在直播标题当中除了能表示时间长短以外,还能表现出一个品牌或者是一个人的坚持或优质。

5．利用月数

"月"在表示时间的时候就是一个计时单位了。一年分为12个月,是人们对于"年"这个稍微有点长的时间单位的细分。如果说"年"所表示的时间长,那么"月"所表示的时间相对于"年"来说就要短很多了,所以在直播标题中出现表"月"的计量也就表示所说的内容所经历的时间是比较短的。像这一类的标题一般所涉及的内容多是人们想要快速解决的"难题",所以用"月"来计量的话,会让用户觉得这一"难题"能够在短期内解决,这样一来,用户就会去点击直播,查看这一"难题"的解决办法了。

在直播标题之中出现表"月"的计量的时候,通常所表示的就是短时间里面能看到比较大的效果,只有这样的有对比性的标题才能更大程度地吸引用户的注意,激起用户观看直播内容的兴趣。

6．利用天数

"天"在表示时间的时候,指的是一昼夜。随着人们思想观念的变化,"天"又主要表示白天,比如"昨天""今天""明天""后天"等。

"天"是对"月"的细化,将一个月划分为28天到31天不等。细化了"月"这一时间计量单位,也就代表时间单位被划分得越清楚、越简单了。

正因为"天"是"月"的细分,所以"天"相对于"月"来说所代表的时间就更短。在"时间就是金钱"的现代社会,人们也更喜欢在更短的时间内就完成某一件事情。"天"所代表的时间就比"月"短,也是日常生活中人们用得比较多的时间计量单位。如果一篇直播的标题里面出现了"××天"这样的字眼,那么除了"天"前面的数字能清晰地引起用户的关注以外,"天"这一时间单位给用户带来的视觉感受也是不容忽视的。

7. 利用小时

"小时"作为时间计量单位,它将"天"这一时间计量单位划分为24个小时,是人们对时间的又一细分。

"小时"这一时间计量单位相对于"天"来说显得更快,当"小时"出现在某一标题当中的时候,一方面会让人觉得时间颇为长久。比如"72小时锁水!月里嫦娥"这一标题当中所出现的"72小时"所表示的时间给人的感觉就很长,这是因为在精华的保湿时间上,72个小时确实是很长的。

还有另外一方面就是"小时"所表示的时间很短,比如"两小时鲜制当季采摘",这一直播标题所出现的"两小时"所表示的时间其实就是很短的了。同样是"小时",但不同的产品、不同的情境所表达的意思是不一样的。

在直播标题中,涉及表"小时"计量的时候,常常用到的方式有两种,一种是单个表示时间的,就是标题里出现了某段时间发生的某一件事情,而没有对比。

另外一种就是将两种事物通过一种对比换算的"时间"联系在一起,将两种本来关联性不是很大的事物联系在一起作对比。有了对比,也就更能带给用户一种直观的感受。

8. 利用分钟

"分钟"是一种相对来说比较小的时间计量单位,它是对"小时"的细分,将"1小时"细分为"60分钟"。从时间的长短上来说,"分钟"比"小时"所表示的时间要短很多。

在直播标题中,也经常会涉及"分钟"的计量。因为"分钟"所表示的时间往往比较短,但又不至于太过短暂。一般这种带有"分钟"的文案标题,会带给用户一种"无须耗费太多时间,但又能很清楚明白地了解直播内容"的感觉,例如标题为"几分钟看完各种美国大片"的电影讲解的直播,这样快速、高效的直播内容,一般用户都愿意去查看。

9. 精确到秒

"秒"是国际通用的时间计量单位,"秒"是"分"的细分,"1分钟"

等于"60秒"。在直播标题里,如果出现了表"秒"的计量,则表示标题所出现的事物的完成速度会很快,因为"秒"本身所代表的单位时间长度就很短,所以在讲究快节奏、高效率的现代社会,这样的标题对于用户,尤其是赶时间的用户来说,是一个很好的选择。

10. 用百分比

现实生活中常用到的占比情况,在大部分情况下都是用百分比来表示的。

"%"是百分比的符号,很直观的就能表现出所涉及的事物大致占总体事物的多少。因此,在直播标题中,如果出现了"%"这一表示占比的符号,就会很容易让用户注意到这一标题。

由于众多的有关数据的事情是很难得到一个十分准确的数据的,所以在不知道确切数据的情况之下,用百分比来表达会更稳妥,也不容易出错。例如"无水配方89%芦荟汁"的标题,就是利用百分比命名的。

人本身就对数字较为敏感,而百分数所表示的是一个比例或概率,能让用户看到大致的情况,同时,它体现了一个事情程度大小;另一方面,带百分比的标题也让用户想要看看这百分率里面所涉及的事情,是否与自己有关。

凡涉及一定比例的"人",大部分用户都会自动把自己代入到标题所说的事情里去,然后将直播内容与自身进行对比,看看自己是否存在标题里说的那种情况,进而找到解决办法。

11. 成倍表达

"倍"在表示程度的时候,代表的是"倍数"的意思。在直播标题中出现的"倍"往往都有一个对比的对象,相比某一事物,它有所增长或是下降。

相比几组单纯的数据,"倍"能说明的问题更加直接。比如"某学校今年招生人数是去年的3倍",在这句话里,我们可以很直观地看出增长的程度。用户往往更喜欢看直接的东西,有数据就将数据展现出来,增长多少就用倍数表示,尽量免去用户去搜集资料或计算的过程,这也能够在一定程度上提高用户的观看体验。

"倍"所呈现出来的东西更加直观,直接告诉用户增长的幅度大小,像这样的标题能让对比效果更加显著,也更利于用户观看。其实像这样的表"倍"的程度的直播间标题在生活中并不少见。凡是涉及有对比的数据升降大都会采用"倍"来表示其增长幅度大小,不管刚开始的基数是多少,每一倍的增加都是"滚雪球"一般增加的，所以数据甚至不需要看就能知道一定是可观的。

一般这类标题也是用数字引起用户的注意，再用"倍"这一表程度的词来增强用户的震惊程度，用户只要开始对这一数据感到震惊或是不可思议时，就已经对这一标题感兴趣了，自然也就会点击直播间的内容了。

5.2.4 提问型：巧妙调动好奇心

提问也是直播标题的表达形式之一，对于提问型直播我们需要把握9大要点。

1. 疑问句式

"疑问句"是询问某一问题的句式，常见的最简单的答案是"是"或者"不是"，但也有很多其他回答。疑问句所包含的种类有很多，在日常生活中用得也十分普遍。

撰写直播标题时，采用疑问句式的标题效果也是很好的，主要表现在两个方面，具体如下：一方面，疑问句中所涉及的话题大都和用户联系得比较密切，使标题和用户的关系更为亲切；另一方面，疑问句本身就能够引起用户的注意。用疑问句式的标题激起用户的好奇心，从而引导用户点击直播间。

其实采用疑问句式的标题有一些比较固定的句式，比如"你知道……吗""你是否……呢""你有……的经历吗"等常见的句式搭配。它通常都是列出一种现象或者某一事件，让用户来反观自身是否与文案标题所说的情况或者问题一样。用户产生了疑问或者有了好奇心之后，就会到直播间中寻找答案或者消除疑虑。可见，采用疑问式的标题，无形之中就能让用户参与到问题之中。

从用户的心理层面来说，看到这种疑问式的标题，一部分用户会抱着查看自身问题的心态点击这一类疑问式标题的直播，还有一部分用户会抱着学习或者好奇的心态点击。不管是哪一部分用户，在看到这样的提问式标题的时候，都会对内容产生兴趣。

用疑问句式做直播标题的还有很多，但归根结底都是用疑问引起用户的注意，而直播标题所涉及的事物，也是人们在日常生活中经常遇到的，但同时又是最容易被忽略的。因此，我们在撰写直播标题的时候，要记住围绕人们生活中经常遇到的事物或是新奇的事物来写，这样更能引起用户的注意力，而直播间的点击率自然也就上去了。

2．解决问题式提问

"如何"的意思就是采用怎样的方式和方法。"如何"一词放在直播标题中时，有帮助用户解答某一疑惑或者解决某一问题的效果。这一类"如何"体的直播间标题所涉及的内容，大都是人们生活中遇到的困难，或者是能够方便人们生活的小技巧。

直播标题所涉及的，也都是解决问题或者解决困扰的方式方法，而且针对的用户范围很广，不会像很多其他的直播间一样，有十分精确的用户群。这样的标题所提及的问题是很多人都可能会遇到的问题，相对来说用户的范围也就比较宽泛了。

在标题之中采用"如何"体这种方式来命名是有一定优势的，主要表现如下：一般人在看到解决某一事情的方法和技巧的时候，不管自己存不存在这样的问题，或是会不会遇到这样的问题，都会在看到这样的标题的时候，想要观看与学习相关的解决办法，也有部分用户是因为对直播标题所提及的问题感兴趣。

3．反问标题

"反问句"是集问题和答案于一身的特殊句式。一个反问句的提出并不是为了得到某一个答案，而是为了加强语气。反问句式比其他句式的语气更为强烈。将这样的句式运用到标题当中，也能起到加强标题语气的效果。比如"你难道不应该去试一下这个产品吗？"言外之意就是你应该去尝试和购买该产品。又或者，"你怎么能这样做呢？"这一反问句的意思其实就是"你不能这样做"。其实也可以看出，反问句在日常生活中也经常被用到。反问句常用的形式也比较多，如"怎能……""为什么不……"等。

反问句常用的句式大都是否定疑问句，也就是疑问词加否定词，既然是否定疑问，那就表示肯定了。所以这样的句式放在直播标题中，也能代表直播的一种观点和态度。

从语气上来说，反问句式的标题有强调的作用和效果。正因为有了强调的作用，所以这样的标题也能在第一时间给用户带去一种提醒或者警示的作用。当用户关注到这一问题的时候，也会点击直播间观看详细内容。

在直播标题当中采用反问句式，能大大加强标题的语气和气势。从用户的角度来说，这样的强调语气更能引起他们的注意和兴趣，因此在标题里采用反问句式，也能大大加强直播间的关注度。

4．文题相符

所谓"文题相符"，表示直播标题中所提的问题和直播内容相符合。我们在撰写直播标题的时候，要保持标题和直播内容是有关联的，而不能一味地做"标题党"。

"标题党"就是为了夸大标题的影响力，而一味地在标题上面下功夫，有一部分"标题党"为了在标题上吸引用户，纯粹是为了提高标题吸引力而提问，当用户点进直播间之后，才发现自己被标题给"骗"了。

直播标题十分讲究技巧，如果提问型标题和直播内容完全没有多大联系的话，即使用户被标题吸引点进去了，用户也会在后续观看直播内容的时候，发现"问题"。这样一来，不仅会降低用户的阅读体验，更严重的还会使现有的用户不再关注这一品牌或者产品。

如果纯粹为了吸引用户注意，而打造出与直播内容不相符的调动用户好奇心的问题标题，那么对于主播和品牌来说，都是得不偿失的。因为这种做法会导致他们在失去了用户的信任的同时，也失去了用户。直播间如果没有用户关注，也就失去了其存在的意义。

5．思考角度

主播在撰写直播的时候，其实是在描述一个事件或者一个观点。一个事件或者一种观点可以是多方面的，从不同的角度看问题的话就会有不一样的效果，"横看成岭侧成峰，远近高低各不同"说的也就是这个道理。

当主播面对同一个事件时，除了要做到正确的价值观引导和正确说明该事件或观点以外，最好能选择一个新奇的角度，用与常人不一样的想法来看待这一事件或者观点，也会让自己的直播惊艳用户。这就要求主播在撰写提问式的直播标题时，要选好角度，出其不意。

当然，这里所说的角度并不是说这一标题是站在主播还是用户的角度上来说的，而是只针对这一事件或者观点的某一角度出发。比如面对"某人在游乐场夹娃娃每一次都夹到"这一事件，主播可以从"夹娃娃机的机器设计"的角度来说这一事情，也可以从"夹娃娃的攻略"这样的角度来讲。对同一个事情，不同的人看到的角度是不一样的，而作为直播间的主播来说，看的角度就要比普通人多才行。

撰写提问型直播标题，我们更应该找好问题的角度，从不同的角度去看待问题和提出问题，从而给用户一种新奇感。提问型标题更多的是向用户提问，有了提问这一形式，就会让用户也参与到这一直播标题当中来。

直播标题的提问，可以分为两个部分：一种是主播自己想自己提问，其实多是阐明主播自己的观点；还有一种就是向用户提问。

其实不管是向谁提问，每个部分都可以找到不同的角度，从不同的角度进行提问，才能成功地吸引用户的关注。

一个好的角度或者一个新奇的角度所提出来的问题，不仅能给用户一个好的印象，还能让用户积极参与，如果能够促成主播和用户之间的互动，那么这个标题就是成功的。

6．注意提炼

"提炼"从文学层面来说是一个"取其精华"的过程，将重要的、突出的、精华的部分单独拿出来。从直播标题的角度来看，"提炼"就是将直播内容的重点提取出来，过程就相当于归纳直播内容的中心思想。

在提问式标题撰写上，注意提炼是十分必要的。提问式标题就相当于主播在向用户提出问题，这个问题不管是想让用户来回答，还是只是想让用户在直播间内容里面寻找答案，主播所提的问题，都是需要提炼重点的。

7．适当创新

直播行业发展之快，超出人们的想象，这也给主播提出了更新、更高的要求。在直播标题上，要注意创新和突破。

提问式的直播标题的句型看上去好像已经被固定了，但其实除了一些比较常用的固定搭配，如"为什么……""难道……""怎样……""如何……"等以外，还有一些其他的固定句型。提问句式的句型很多，但很多时候往往无法在句型上面做出过多的创新，既然在直播间的句型上面无法做出太大的突破，那就可以在提问的技巧和方式上面寻找创新和突破了。

创新型的提问式直播标题会让用户有眼前一亮的感觉，认为它不同于一般的提问句。注重提问技巧的直播标题，会让用户更愿意点击直播间查看内容。直播标题创新的方式也有很多，不仅仅只局限于几种。

8．巧用设问

"用户"作为直播间的观众，对直播间的发展有着十分重要的影响。正所谓"顾客就是上帝"，在直播间里面，"用户"就是"上帝"了。直播间如果没有用户点击，也就失去了它存在的价值。

直播间只有被用户点击，有用户的参与互动，才是成功的。这也就要求我们在撰写直播标题的时候，要注意拉近与用户之间的距离，让用户愿意参与到直播当中去，这样也就体现出它的存在价值了。

那么，我们在标题设置上应该如何拉近与用户之间的距离？具体说来，主要办法如下：

- 所写内容多涉及用户们身边所发生的事情；
- 所写内容多是人们所关注和感兴趣的事情；
- 所写内容中提及的问题多是站在用户的角度去考虑的。

可见，提问式标题要想拉近与用户的距离，除了引入用户们关注的事情或者是用户们身边发生的事情以外，还要站在用户的角度去提问。

站在用户的角度进行提问，所提及的问题就要符合用户的立场，不能让用户觉得这件事情与用户本身的生活工作没有多大关系，如果这样的话，就会让用户失去观看直播的兴趣。所以"从用户角度"设问也要涉及用户们关注的事情。

9．明知故问

"反问式"直播标题，其实也就是明知故问的一种提问式标题。"反问"之所以会比陈述句更具有强调性，是因为问句的形式能引起用户反省，或者发现直播标题所涉及的一些问题的。

"反问式"标题既然是想让用户反省，或者是发觉某些问题，那么主播的提问方式就要尽量简洁明了，反问语气要干脆，不拖泥带水，能一下就点到重点，才能让用户信服。对直播标题的字数原本就有所限制，我们在撰写反问式直播标题的时候，要注意这一点。

"反问式"直播标题提问语气干脆的好处就是，能够让用户在看到标题时，就能明确地知道主播想要问的重点，也能让用户在看到这一标题时，被那种"掷地有声"的气势折服，从而关注直播间。

5.2.5 语言型：提升标题创意性

所谓语言型直播标题，即利用修辞手法提升直播标题的语言水平。采用的修辞方法主要有 8 种，具体请看以下分析。

1．采用比喻

何为比喻？其实就是，用与 A 有相似之处或者共同点的 B 来形容 A，从而达到让人们认识或感受 A 的目的。

在日常生活中最常用的三种比喻类型就是明喻、暗喻和借喻。

（1）明喻又叫直喻，指很直接就能看出是比喻句的，比如"像……""如……""仿佛……"等，这一类就十分简单，也是最常见的。

（2）暗喻又叫隐喻，指在一个比喻句中，出现的比喻词也不是平时常见的，而是"是……""成了……"等，比如"这一刻，我在草原上奔跑，于是，我也成了那头敏捷的小鹿"，这里面的"成了"就是比喻词，把"我"比作"小鹿"。

（3）借喻，相对其他种类的比喻句来说，借喻是比较高级的比喻形式，它的句子成分看不出明显的本体、喻体和喻词，而是通过本体和喻体及其亲密的联系来达到比喻的效果的，比如"那星光，也碎做泡沫，在海中散开"。

"比喻式"标题所用到的比喻技巧，也无须像文学里面的那样精致巧妙，直播标题当中的比喻，重在让用户看懂、感兴趣。

"比喻式"标题，可以让用户在看到标题之后，对标题里面所涉及的东西有豁然开朗的感觉。用到这一修辞技巧，也是要给用户制造一点不一样的观看感受，给用户的观看增加一点乐趣。在"比喻式"标题当中要注意比喻是否适用于这一直播内容，还要注意比喻元素的齐全性。

2．事物拟人

拟人，是将"非人"的事物人格化，使它们具有人的特点，比如具有人的感情、动作、思想等。拟人在文学层面来说，是一种修辞手法，将本不是人的事物变成像人一样。

从文学层面来说，运用拟人的写作手法，可以使所描写的事物更加生动直观而具体，也更能让用户觉得亲切。基于此，把拟人这一修辞格运用在直播标题和直播内容的撰写上不失为一种好的创作方法。

"拟人"这一修辞手法在写作过程中还分为不同的种类，所以要注意根据不同的情况来对所写的内容进行"拟人化"。

3．标题对偶

"对偶"也被称为对仗，指的是句子字数相等，意义相似，对仗工整的一句话或者是几句话，最常见的对偶是两句话。这样的句子通常前后联系十分紧密，不可分割。对偶在文学中经常用到，对偶的恰当运用能够让句子结构更加富有层次，更有韵味，也更能吸引人的注意。对偶之所以在很多地方被运用，是因为采用对偶的形式还会让句子变得更加凝练精巧，人读起来朗朗上口。

对偶式标题前后句相互映衬，相互作用，不可分割。直播标题采用对偶的方式，会让标题具有节奏感强、易于记忆等特点，同时，也能让标题更容易传播和推广，从而达到扩大标题的影响力的目的。

在直播标题中运用对偶手法，标题一般只有两句话。如果句子太多太长，一方面会受到标题字数的限制，另一方面也会给用户带去不好的阅读体验，容易导致视觉疲劳。所以，我们在撰写"对偶式"直播标题的时候，最好就只有两句，字数也要尽量精简，这样才能让用户有一个比较好的视觉感受和观看体验。

4．用谐音梗

谐音就是指用同音的不同字或者是读音相近但意思不同的字、词来形容某物的一种修辞手法，经常被应用于文学之中，以达到出其不意的效果。

在直播标题中，如果采用谐音式，会让内容更加富有意趣，比如某理发店的名字为"一剪美"，其实就是"一剪梅"的谐音，既很有诗意，又巧妙地展示了理发店的优势；某品牌的蚊香在打广告时，用了"默默无蚊"，其实就是"默默无闻"的谐音，这一谐音的使用不仅让观众知道了这是一款蚊香的广告，还让观众明白这一品牌蚊香的好处——没有太大气味就能让蚊子消失。另外，在进行直播带货时，也可以适度使用谐音梗。

我们在撰写直播标题的时候，采用谐音式标题就能大大提高标题的关注度。用户在看到这样带有谐音的标题时，不仅会觉得十分有趣，又能理解主播想要表达的意思。特别是精练式的谐音标题，更容易被人记住和被人传播。

5．利用幽默

幽默，简单来说就是让人开怀大笑的意思。但"幽默"一词与单纯的搞笑又有很大的不同，幽默式标题让用户在发笑的同时，又能感受到主播想要表达的字面以外的意思。

幽默式标题通常以出其不意的想象和智慧让用户忍俊不禁，在使直播标题吸引人的同时，还能让人印象深刻、发人深省，激发用户观看直播的兴趣。在直播标题中，用到幽默式标题，不仅能够让用户会心一笑，还能让用户在笑过之后理解主播话里更深层的意思，达到主播预期的目的。

6．合理用典

在直播中运用历史故事，尤其是历史典故，能够让直播变得更加出彩。直播中所提到的历史人物或者故事也大都是家喻户晓或者知名度比较高的，因而推广起来不会有难度。在视频广告之中，历史人物或者故事的运用更是不胜枚举。运用历典故来推广或宣传某品牌，能达到"水中着盐，饮水乃知盐味"的效果。

在直播标题写作当中，恰当地运用历史典故，能使主播所讲的言论都有历史根据，这样一来，更增强了主播的可信度。

在直播标题当中，恰当地应用典故，能让标题十分具有说服力，并达到引人注目的效果，因为人们都爱听故事、看故事。虽然直播标题里提到的典故，都是人们已经很熟悉的，但又有所创新，因此可以再次吸引用户的目光。另外要想把典故与直播间产品更好地结合起来，首先还是应该学会怎样选择典故。

我们在撰写标题的时候，恰当引用合适的典故，能够使标题更富有历史趣味性，而用户在咀嚼其中的历史的时候，又能找出更多的内涵。值得注意的是，在直播标题当中出现的历史典故应当是大部分人都耳熟能详的，这样才能达到大面积推广和传播的效果。

7．灵活引用

"灵活引用"并不是直接引用别人的话语、对别人的东西照抄照搬，或者是强行引用名家诗句或典故。将根本没有关联的两个事物，硬凑到一起，反而会惹来不少笑话。在历史上，像这种生搬硬套的事情数不胜数，如"东施效颦""照猫画虎""削足适履"等，说的都是对别人的东西照抄照搬，不切合自身实际。

在撰写直播标题时，我们不能将与文案内容毫无联系的名家诗词或者典故直接套用到文案标题当中去，如果直接套用毫无联系的诗词典故，只会让用户觉得我们的水平以及知识涵养都很低，同时也会造成牛头不对马嘴的情况。

主播在引用诗词典故的时候，就应当注意正确引用。不论引用的是诗词，还是典故，都一定要与直播所讲的内容有联系。

8．多种引用

直播当中，引用诗词典故的方法并不是单一的。我们在撰写含诗词典故的直播标题的时候，要学会用多种方式来引用诗词典故，从而使自己的标题形势更加多样化，也能让直播达到更好的效果。引用方式可以是直接引用诗词典故，也可以是加工后再引用，或者不改其意而诠释标题，就是指不改变直播间标题里所引用到的诗词典故的意思，而让它对直播内容起到一个诠释的作用。

/第/ 6 /章/

吸睛内容：有创意、有价值

  本章主要讲述了3个部分的内容：第一部分为直播的形式，主要分为秀场直播、活动直播、体育直播、游戏直播、生活直播、教育直播、二次元直播、脱口秀直播；第二部分为内容制作，主要从封面、内容、故事、技术、创新的角度进行阐述；最后一个部分为直播的内容特质，帮助大家更好地运营直播。

6.1 直播形式：多种内容模式

直播种类众多，那么具体又有哪些类型呢？本节主要介绍直播的 8 种主要类型，分别为秀场直播、活动直播、体育直播、游戏直播、生活直播、教育直播、二次元直播以及脱口秀直播。

6.1.1 秀场直播：才艺之秀

秀场直播的表现形式体现在唱歌跳舞上，主要面向的是三、四线城市的用户，直播内容的目的大多是满足用户的猎奇心。直播房间内设置有虚拟礼物，可通过人民币充值的形式购买，这种靠用户充值的盈利模式即是平台主要的盈利方式。

6.1.2 活动直播：企业销售

活动直播主要是企业为了做宣传而策划的直播，如图 6-1 所示。

图 6-1　企业活动直播

6.1.3 体育直播：实时赛事

传统的体育直播包括体育赛事直播和电子竞技直播，例如篮球、足球、斯诺克、网球、排球等，主要针对运动爱好者和电子竞技爱好者。热门的体育直播赛事主要有：NBA、CBA、世界杯、英超等。体育直播平台的出现，让这些运动爱好者也成为赛事解说员，他们利用自身的知识和风趣的语言来吸引用户观看直播。

6.1.4 游戏直播：竞技盈利

传统的游戏直播主要是主播现场进行游戏，它的制作成本和准入门槛都很低。游戏主播不需要像秀场主播一样具备跳舞和唱歌等才艺，只需要游戏技术精湛。

观看游戏直播的用户主要是游戏爱好者，用户黏性较大，但相较于秀场直播来说，游戏直播需要支付更高额的版权费用。传统的游戏直播平台主要有虎牙、斗鱼和战旗。游戏直播的构成分为3个大的部分，如图6-2所示。

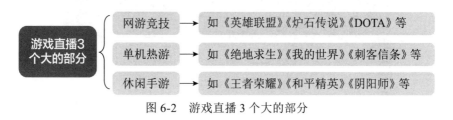

图6-2 游戏直播3个大的部分

6.1.5 生活直播：与人分享

直播似乎可以变得更为简单，吃饭、逛街、钓鱼等都可以成为直播的内容。主播只需要每天用自拍杆举着手机在街头到处逛，将自己日常的衣食住行等快乐、积极、真实的生活内容展示到网络中，就能获得粉丝的关注。图6-3所示为斗鱼平台的钓鱼直播，单击右上角的橘红色"关注"按钮，即可关注该主播。

图 6-3　斗鱼平台的钓鱼直播

斗鱼平台为这类直播设有专门的直播分区——"户外"模块,如图 6-4 所示。在这个模块中,主播都是在户外进行直播的,主要分享主播在户外的日常生活。

图 6-4　"户外"模块

6.1.6　教育直播:经久不衰

教育直播打破了传统教育环境下个别地区所具有的优势的局限,将一、二线城市的教育内容通过直播的形式普及到三、四线城市,将一、二线城市优质的教师资源共享到三、四线城市,弥补教育资源的失衡,为三、四线城市孩子的教育问题提供了解决方案。

在线教育的普及,为想要提高成绩的学生提供了资源,满足学生想要冲刺、考上好学校的需求。

如何做好教育直播的知识分享？首先我们要明白，教育直播不同于传播课程。由于平台上有众多的直播，因此教育直播想要从中脱颖而出得到更多流量，就必须要有独特性或吸引力。教育直播的类型有很多，内容并不局限于学校的教程、琴棋书画，也可以是生活中的常识、服装搭配、运动健身等技能。

教育直播的内容要具有趣味性。例如科普类知识，在许多人眼里，数学、物理等知识或许枯燥乏味，所以在此类直播中，我们就需要把科学知识趣味化、通俗化，也可以将它与历史学、哲学、社会学或其他学科结合起来。我们还可以提出一些趣味性问题与用户互动，引发用户自主思考，调动用户积极性。此外，我们还可以利用手绘进行科普。

直播中要找准你直播的接受群体，根据群体的特性制定内容。例如幼儿教育直播，需要有大量趣味性的图片以及夸张的肢体语言，生动活泼的形象更能吸引幼儿的目光，也更容易被幼儿所接纳，并且直播语言要生动，太过枯燥的内容往往无法吸引小朋友的注意力。

在线教育的发展大致经历了三个过程：第一个时期是传统网校音频+flash课件的1.0时代，例如101网校；接着进入了O2O大潮中的视频录播2.0时代；如今是全民直播的3.0时代。

教育直播利用直播平台的弹幕形式，解决了学生与老师之间的互动问题，增强了课程的交互性，弥补了传统教育师生之间缺少互动的缺陷。同时，直播课程的回放功能，可以让学生针对不懂的知识点进行反复回顾。

教育直播对用户有三大好处，如图6-5所示。

教育直播对用户的三大好处
- 用户可以通过碎片化时间进行学习
- 主播语言生动有趣，学习氛围轻松愉快
- 主播个人读书笔记分享，加深读者理解

图6-5　教育直播对用户的三大好处

从知识分享者的角度来分析，教育直播可以让其个人的才能得到展现和增值。通过平台，主播分享的知识可以传递给成千上万个用户，从而使主播的个人才能得到展现和增值。图6-6所示为斗鱼的"文化"直播模块。

图 6-6　斗鱼的"文化"直播模块

6.1.7　二次元直播：ACG文化

二次元直播的形式有许多，例如进行漫画手绘的教程直播、二次元类的游戏直播、漫展的直播、虚拟主播等，直播内容主要集中于绘画、手游、游戏、娱乐这四大类中。

在娱乐类的二次元直播中，主播常常会 cosplay 动漫人物，与用户聊天，有的还会进行才艺表演，例如唱歌、跳舞等。这样的直播间的封面通常会是二次元装扮的主播照片，如图 6-7 所示。

图 6-7　二次元娱乐主播封面

哔哩哔哩与斗鱼算是较早进行二次元直播的平台，在哔哩哔哩平台内的二次元文化相较于斗鱼氛围更强。

6.1.8 脱口秀直播：幽默搞笑

脱口秀常常会给人带来欢乐，除了脱口秀以外，还有一些单口喜剧、喜剧小品、相声系列的直播，这些都十分受欢迎。类似的节目有许多，例如腾讯和笑果文化联合的《吐槽大会》。脱口秀的形式较为简单，并且门槛低，所以一直都很火热。在脱口秀之中，有很多黑色幽默成分，比如主播常常以自嘲的方式讲述自己的故事。比如 YY 平台上专门设有脱口秀的直播模块，如图 6-8 所示。

图 6-8 脱口秀的直播模块

🎙 专家提醒

中国传统相声是热门之一，例如德云社的相声。相声按照人数分，分为单口相声、对口相声、群口相声。相声类的直播节目也十分受欢迎，例如《相声有新人》。

6.2 内容制作：打造优质内容

了解了直播的种类，如秀场直播、游戏直播、活动直播等，那我们该如何进行直播呢？本节我们来讲述一下直播内容的制作，什么样的直播内容能使主播获得更多的粉丝呢？热门的直播间又有哪些共同之处呢？本节将为大家——讲述。

6.2.1 封面设计：抓人眼球

直播平台上有着许许多多的直播，怎么样才能在众多直播中吸引公众流量呢？

首先展示在用户面前的，就是你的直播间封面。外表的包装总是能影响一个人对某个事物的第一印象，美的事物总是更能抓人眼球，人们对于美的事物都更具有好感，因此好看的封面更能吸引用户的点击。那么什么样的封面更能吸引人呢？直播间的封面具体应该怎么设置？以下是一些常见的直播封面类型。

第一种为自拍或者个人写真，如图 6-9 所示。这样的封面一般适合秀场主播、美妆主播等。这一类型的封面图可以让用户直接通过封面就能选择主播，方便用户选择喜欢的主播以及点击直播间。

图 6-9　自拍作为直播封面

第二种是游戏的画面，通常为游戏直播的封面，如图6-10所示。有的封面下角还会显示主播，让观众一看就能了解这是什么游戏。

图6-10　游戏的画面为直播封面

第三种为游戏的海报，或者动漫人物的海报，如图6-11所示。这类游戏多为带有二次元属性的游戏，或者主机游戏，甚至是一些动漫衍生的手游，这一类型的封面在哔哩哔哩直播平台上更为常见。

图6-11　动漫海报为直播封面

第四种为绘画作品，这种适用于绘画类直播。如图6-12所示，以自己的绘画作品作为直播的封面更有利于让观众了解你的画风以及绘画水准，吸引同行观看。

图 6-12 绘画作品为直播封面

第五种为产品展示，适用于电商类直播。电商类直播的封面的重点通常是要展示产品。以蘑菇街购物台为例，该小程序的直播封面通常为主播的照片加上带货的商品，如图 6-13 所示。

图 6-13 带有产品提示的电商直播封面

带货主播需要让观众知道他们所展示的产品，直播封面可以是美妆产品、服装产品等。比如做美妆带货的主播，她选择的直播间的封面通常是自己妆后的照片，一般为个人写真。

6.2.2 内容包装：增加曝光

与直播封面同样重要的是直播的内容，包括直播标题、直播的内容安排以及文案的准备。关于直播的标题，在上一节中已讲述了标题的撰写思路以及规律，这次我们讲述一下直播的内容以及直播文案。

以娱乐型的直播为例，直播的流程安排会影响用户的体验感，传统的娱乐直播内容主要是主播进行才艺展示，新颖的直播方式包括了云Live直播的形式。例如抖音平台的"DOULive"系列的活动，将原本现场的Live活动搬至线上，更好地表现出音乐现场的氛围。在进行娱乐直播时，我们可以选择传统的形式，也可以选择新颖的方式，但云Live的形式通常邀请的是专业的明星艺人。

MCN机构会对主播进行包装、培训，帮助主播进行个人包装。个人直播在进行直播之前，需事先准备才艺，比如唱歌或者跳舞，同时计划好直播的时长，在表演时，还可以进行互动抽奖。此外，直播中播放的歌曲、主播的妆容、聊天的话题等，都十分重要。

1. 直播歌单

歌曲可以选择符合时下年轻人群喜好的，例如节奏轻快的、易于哼唱的华语歌，或者节奏感强的英文歌等，有的主播会在网易云音乐进行直播歌曲分享。图6-14所示为某主播直播歌单。

图6-14　某主播直播歌单

另外，也有些用户会将主播直播过的歌曲整理出歌单，方便主播的粉丝在直播后进行收听。

2. 直播妆容

直播妆容可以根据主播的风格而选择，性感或者可爱是秀场主播常见的妆容风格。主播通常还会选择相应的服饰进行搭配，或者佩戴相应的头饰，如图 6-15 所示。

图 6-15　佩戴头饰进行直播

可爱型的主播可以选择双马尾，以及可爱少女风格的服饰，如图 6-16 所示。而性感风格的主播则可以将头发放置一侧。

图 6-16　可爱型主播妆容及服饰参考

3．直播话题

许多新人主播可能会面临直播没有话题的情况，接下来我们将讲述一些解决没话题问题的方法。

（1）侧重于表达：主播聊天时的语气会影响直播间的氛围以及用户的感受，同一句话用不同的方式表达则会带来不同的效果。

（2）讲述故事：故事最容易让人接受，也是最吸引人的话题。并且，由于我们每个人从出生开始就接触童话故事，因此讲述故事也能使我们很容易就沉浸在直播氛围中。细节往往是故事最生动、最打动人的地方，因此在讲述故事时，主播可以利用故事中的细节打动观众。

（3）联想聊天：联想聊天主要是通过一些话语中的关键字眼进行事情联想，例如利用观众在直播间发送的弹幕，选择其中合适的词语进行联想，进而产生话题。

（4）偶尔可以利用"冷读术"，例如在进行连麦聊天或者跟观众互动时，主播也可以进行开放式的提问，与用户交流，从而加强用户的参与感。

> **专家提醒**
>
> 直播间的背景也十分重要，在直播之前需要事先装扮好自己的直播间。最简单的方法是选择一个干净的背景。
>
> 主播在与用户聊天时，需要注意把握分寸感。无论是与人交流时，还是讲述故事时，都需要注意把握话语分寸和维持自身的形象。不恰当的措辞可能会断送自己的主播生涯，甚至遭到禁播的处罚，所以主播一定要注意分寸。

6.2.3　故事攻心：情景打动

以电商直播为例，直播的内容只有真正打动用户的内心，才能吸引他们长久的关注。只有那些能够留住与承载用户情感的内容才是成功的。有了这个基础，再加上电商元素，就有可能引发更大、更火热的抢购风潮。

直播内容并不是用文字等形式堆砌起来就完事了，只有将平平淡淡的内容编成一个带有画面的故事，让读者能边看边想象出一个与生活息息相关的场景，才能更好地勾起读者继续阅读的兴趣。简单点说，就是把产品的功能用内容体现出来,不是告诉读者这是一个什么,而是要告诉读者这个东西是用来干什么的。

6.2.4 突出卖点：有侧重点

无论什么样的直播,都需要有侧重点。例如绘画类的直播,其侧重点就是绘画技巧以及绘画教程。游戏直播的重点就是进行游戏,在游戏直播中,也有娱乐型主播,这类主播主要借助游戏来进行娱乐直播,直播内容以娱乐为主,游戏为辅。

6.2.5 技术创新：直播升级

直播市场的现状可以说是群雄逐鹿,各种垂直化、综合化、功能化的直播平台都在并行发展。当然,这其中不乏技术创新,主要包括 VR 技术、AR 技术、全息技术以及 3D 立体技术等直播新技术。

1. VR技术

虚拟现实（Virtual Reality，VR）这个词最初是在 20 世纪 80 年代初提出来的。它是一门建立在计算机图形学、计算机仿真技术学、传感技术学等技术基础上的交叉学科。在直播中,运用 VR 技术可以生成一种虚拟的情境,这种虚拟的、融合多源信息的三维立体动态情境,能够让观众沉浸其中,就像经历真实的情境一样。

2. AR技术

增强现实（Augmented Reality，AR）其实是虚拟现实的一个分支。它主要是指把真实的环境和虚拟环境叠加在一起,然后营造出一种现实与虚拟相结合的三维情境。增强现实和虚拟现实类似,也需要通过一部可穿戴设备来实现情境的生成。比如谷歌眼镜或爱普生 Moverio 系列的智能眼镜,都能实现将虚拟信息叠加到真实场景中,从而实现对现实增强的功能。

可以预测,更多企业都会将 AR 技术与直播结合起来使用,以此形成较大的影响力,从而提高自己的市场地位。

3．全息技术

全息技术主要是利用干涉和衍射原理的一种影像技术。它首先通过干涉原理将物体的光波信息记录下来，然后利用衍射原理将这些光波信息展现为立体感强、形象逼真的三维图像，从而给观众营造视觉上的真实感。

无论是什么样的直播，都应该先丰富自身内在，而全息影像等新技术正是一种增强直播实力、为用户带来更加精致的内容的好手段。

4．3D立体技术

3D立体技术主要是将两个影像进行重合，使其产生三维立体效果。用户在观看3D直播影像时需要戴上立体眼镜，即可产生身临其境的感觉。

在3D、VR等高新技术蓬勃发展的今天，企业可以将这些技术运用在网络直播中或IP内容中，这也是值得期待的。

6.2.6　创新内容：创造新意

创意不但是直播营销发展的一个重要元素，同时也是必不可少的"营养剂"。互联网创业者或企业如果想通过直播来打造自己或品牌的知名度，就需要懂得"创意是王道"的重要性，在注重内容质量的基础上更要发挥创意。

拥有优秀创意的内容能够帮助企业吸引更多的用户，创意可以表现在很多方面，新鲜有趣只是其中的一种，还可以是贴近生活、关注社会热点话题、引发思考、蕴含生活哲理、包含科技知识和关注人文情怀的。

对于直播营销来说，如果内容缺乏创意，那么整个直播内容只会成为广告的附庸品，沦为庸俗的产品，因此企业在进行内容策划时，一定要注重创意性。

6.3　内容特质：差异化的运营

进行直播时，内容往往是最值得注意的。只有提供优质内容，才能吸引用户和流量。结合多个方面综合考虑，为创造优质内容打下良好基础。

6.3.1 情感特质:情感融入

加入情感特质容易引起人们的情感共鸣,能够唤起人们心中相同的情感经历,并得到广泛认可。主播如果能利用这种特殊的情感属性,那么将会得到更多用户的追捧和认同。

有的直播的标题会融入情感,最常见的是电台的直播标题,如图6-17所示。在进行直播时,主播也能利用感情让观众产生共情。比如主播可以介绍自己的经历,经历最好是正能量、积极向上的,这样的表达在选秀直播节目中最为常见。这种情感融入不仅能与用户产生共鸣,还会加深彼此的亲近程度以及信任程度。

图 6-17 加入情感的直播标题

6.3.2 粉丝特质:力量变现

对"粉丝"这个名词,相信大家都不会陌生,那么"粉丝经济"呢?作为互联网营销中的一个热门词汇,它向我们展示了粉丝支撑起来的强大的IP营销力量。

哪个行业的粉丝数量最为壮观呢?当属影视行业无疑。纵观当下的娱乐节目,其中许多一开播甚至还未开播就已引得无数粉丝关注议论。粉丝不仅仅活跃在影视行业,还遍布于许多行业。

网红或者明星进行直播带货，相当于将货物人格化，并且他们只需要和店铺合作即可，因此主播并不需要拥有自己的货源。这类直播中更多的是用户出于对主播的喜爱、信任而产生的消费，这就是粉丝经济的体现。

"粉丝经济"不仅带来影响力和推广力，最重要的是将粉丝的力量转变为实实在在的利润，即粉丝变现。粉丝不仅能为企业传播和宣传品牌，还能为企业的利润做出贡献。

1. 粉丝的获取

有的平台在粉丝关注主播后会显示相关推荐，这样一种形式称为粉丝的裂变，如图 6-18 所示，这种同类推荐的方式有助于增加主播的粉丝量。

利用其他的社交平台或搜索引擎，也可以为主播的直播间进行粉丝引流。例如利用搜索引擎百度，百家号以及百度新闻都可以用作引流的入口。百家号是百度旗下的一个自媒体平台，主播入驻百度百家号后，可以在该平台上发布文章，然后平台会根据文章阅读量的多少给予主播相应的费用。百家号以及百度新闻的流量资源作为支撑，能够帮助主播进行文章的推广，扩大流量。

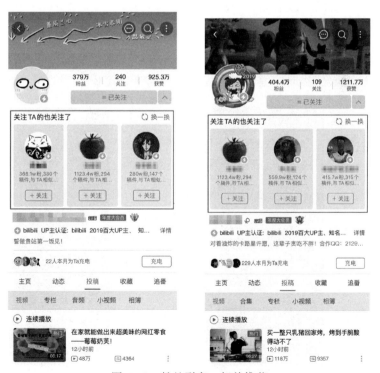

图 6-18　粉丝裂变，相关推荐

百家号上涵盖的新闻有五大模块,即科技版、影视娱乐版、财经版、体育版和文化版。且百家号平台排版十分清晰明了,用户在浏览新闻时非常方便。

值得一提的是,除了对品牌和产品进行宣传之外,电商运营者在引流的同时,还可以通过内容的发布,从百家号平台获得一定的收益。总的来说,电商运营百家号所获得的收益主要来自三大渠道,具体如下。

(1)广告分成:百度投放广告实现盈利后,与电商运营者分成。

(2)平台补贴:包括文章保底补贴和对"百+计划"、百万年薪作者的奖励补贴等。

(3)内容电商:通过在内容中插入商品所产生的订单量和分佣比例来计算收入。

进行电商直播的店家,还可以在线下店铺进行引流,比如让顾客将店家的直播信息转发到朋友圈,店铺也可以在自己的朋友圈发布直播的信息。

2.粉丝的运营

以淘宝直播为例,淘宝直播针对粉丝的运营为主播提供了一个功能——亲密度管理。这项功能的加分规则可以由主播设置,例如粉丝每日观看直播、发布一则评论之后,分别增加 2 分;关注主播、观看时长超过 4 分钟都增加 5 分;还有点赞和分享次数达到多少次可增加不同数值的积分等。

用户在观看直播时,直播画面左上方会有亲密度提示,如图 6-19 所示。

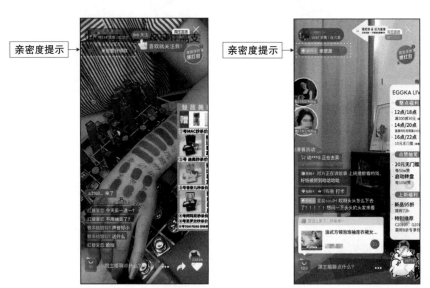

图 6-19 亲密度提示

其他类型的直播，例如秀场直播、游戏直播等，都有对粉丝进行分层的规则，主要依照粉丝对主播的打赏程度划分。以斗鱼直播平台为例，在直播间内，右侧会显示粉丝团，成为超级粉丝团会享有相应的直播间特权，如图 6-20 所示。

图 6-20　超级粉丝团以及玩法介绍

成交话术篇

第 7 章

语言能力：打造一流的口才

  一个出色的主播都拥有强大的语言能力，有的主播会多种语言，让直播妙趣横生；有的主播段子张口就来，让直播多姿多彩。那么新手的主播该如何提高语言能力、打造一流的口才呢？本章从语言表达能力、聊天技能、语言销售能力三个角度，为主播讲解了提高语言能力的方法。

第7章 语言能力：打造一流的口才

7.1 语言表达能力：提高直播节目质量

直播的特点之一是具有强互动性，因此在直播中，主持人或者主播的语言表达能力对直播的效果影响重大。那么如何培养、提高语言表达能力呢？本节将为大家简要介绍提高语言表达能力的方法。

7.1.1 语言表达能力：确保观众的观看体验

一个人的语言表达能力在一定程度上体现了这个人的情商，我们可以从以下几点提高个人的语言能力。

1. 注意语句表达

在语句的表达上，首先，主播需要注意话语的停顿，把握好节奏；其次，语言表达应该连贯，听着自然流畅。如果语言表达不够清晰，可能会使观众在接收信息时形成误解。此外，主播可以在规范用语上发展个人特色，形成语言表达个性化与规范化的统一。

总体来说，主播的语言表达需要具有这些特点：规范性、分寸感、感染性、亲切感。具体分析如图 7-1 所示。

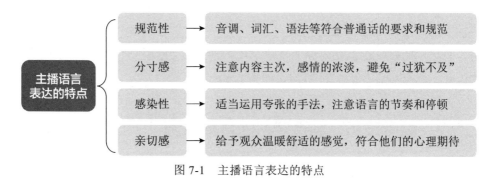

图 7-1 主播语言表达的特点

2. 结合肢体语言

单一的话语可能不足以达到表达效果，那么主播就需要借助动作、表情及眼神的交流进行辅助表达，夸张的动作也可以使语言更显张力。

3. 自身知识积累

主播在线下要注重提高自身的修养，多阅读，增加知识的积累。大量的阅读可以提高一个人的逻辑能力以及语言组织能力，进而帮助主播更好地进行语言表达。

4. 进行有效倾听

倾听是一个人最美好的品质之一，同时也是主播必须具备的素质。和粉丝聊天谈心，除了会说，还要懂得用心聆听。主播和用户交流沟通的互动过程，虽然表面上看来是主播占主导，但实际上是以用户为主。用户愿意看直播的原因就在于能与自己感兴趣的人进行互动，主播要了解用户关心什么、想要讨论什么话题，就一定要认真倾听用户的心声和反馈。

5. 注意把握时机

良好的语言能力需要主播在恰当的时机说话。每一个主播在表达自己的见解之前，都必须要把握好用户的心理状态。

比如对方是否愿意接受这个信息，又或者对方是否准备听你讲这个事情。如果主播丝毫不顾及用户心里怎么想，不会把握说话的时机，那么只会事倍功半，甚至做无用功。但只要选择好了时机，那么让粉丝接受你的意见还是很容易的。

打个比方，如果一个电商主播，在购物节的时候向用户推销自己的产品，并承诺给用户折扣，那么用户在这个时候应该会对产品感兴趣，并且会趁着购物节的热潮毫不犹豫地买买买。

总之，把握好时机是培养主播语言能力的重要因素之一。只有选对时机，才能让用户接受你的意见，对你讲的内容感兴趣。

7.1.2 幽默技巧：制造轻松的直播氛围

在这个人人"看脸"的时代，颜值已经成为直播界的一大风向标，但想要成为直播界的大咖级人物，光靠脸和身材是远远不够的。

有人说，语言的最高境界就是幽默。拥有幽默口才的人不仅会让人觉得很风趣，还能折射出一个人的内涵和修养。所以，一个专业主播的养成，也必然少不了幽默技巧的训练。

1. 收集素材

善于利用幽默技巧，是一个专业主播的成长必修课。幽默的第一步就是收集幽默素材，然后合理运用，先模仿再创新。

主播可以利用生活中收集而来的幽默素材，培养自己的幽默感。先观看他人的幽默段子以及热门的"梗"，再进行模仿，或者利用故事讲述出来，让用户忍俊不禁的同时，也体现了自己的与时俱进。用户都喜欢听故事，而故事中穿插幽默则会让用户更加全神贯注，将身心都投入主播的讲述之中。

幽默也是一种艺术，艺术来源于生活而高于生活，幽默也是如此。生活中很多幽默故事就是由生活的片段和情节改编而来。

2. 抓住矛盾

当一名主播已经有了一定的阅历，对自己的粉丝也比较熟悉，知道对方喜欢什么或者讨厌什么时，就可以适当地攻击他们讨厌的事物以达到幽默的效果。

比方说，粉丝讨厌公司的食堂，认为那儿的饭菜实在难以下咽，那么主播就可以这样说："那天我买了个包子，吃完之后从嘴里拽出了两米长的绳子。"抓住事物的主要矛盾，这样才能摩擦出不一样的火花。主播在抓住矛盾、培养幽默技巧的时候，可以遵循六大要点：积极乐观、与人为善、平等待人、宽容大度、委婉含蓄、把握分寸。

主播在提升自身的幽默技巧时也不能忘了应该遵守的相关原则，这样才能更好地引导用户，给用户带来高质量的直播。

3. 幽默段子

"段子"本身是相声表演中的一个艺术术语。随着时代的变化，它的含义不断拓展，也多了一些"红段子、冷段子、黑段子"的独特内涵。近几年，段子频繁活跃在互联网的各大社交平台上。

而幽默段子作为最受人们欢迎的幽默方式之一，也得到了广泛的传播和发扬。微博、综艺节目、朋友圈里将幽默段子运用得出神入化的人比比皆是，幽默段子也赢得了众多粉丝的追捧。

幽默段子是吸引用户注意的绝好方法。主播想要掌握幽默技巧，就需要努力学习段子，用段子来征服粉丝。例如某央视主持人，也被称为"段子手"，他的直播总是能讲出许多幽默以及其他类型的段子，因此吸引了不少粉丝。

4．自我嘲讽

讽刺运用得巧妙，也可以产生幽默效果。相声中常巧妙运用讽刺，达到幽默效果，这种幽默技巧值得我们学习。

最有效的讽刺方法就是自黑。这样做既能逗粉丝开心，又不会伤了和气。因为粉丝不是亲密的朋友，如果对其进行讽刺或吐槽，很容易引起他们的反感和愤怒。比如很多著名的主持人为了达到节目效果，经常会自黑，结果逗得观众很开心。

在现在很多直播中，主播也会通过这种自我嘲讽的方式来将自己"平民化"，逗粉丝开心。自我嘲讽这种方法只要运用得恰当，达到的效果还是相当不错。当然，主播也要把心态放正，将自黑看成是一种娱乐方式，不要太过认真。

例如某女主播常常会遭到粉丝对她身高的嘲讽，但是她在《脱口秀大会》上幽默地进行自我嘲讽，如图7-2所示。并且讲述了小时候被外婆"欺骗"睡觉时把腿伸直就能长高的故事，还说如果下次看到谁穿着15cm高的高跟鞋，不用猜就知道是她。

图7-2　某女主播的自我嘲讽

7.1.3　策划内容：保证直播过程流畅性

想要做直播却不知道如何进行直播的用户，可以参照以下做法。在直播之前，主播可以对直播内容进行策划。以电商直播为例，在直播中需要把握以下重点。

1．讲述产品特点

主播需要让用户了解你的产品，讲述产品的特点是最直截了当的方式，其中最主要的特点是产品的作用以及产品的优势。例如母婴用品直播，在介绍纸尿裤时，主播讲述纸尿裤的弹性很好，于是在屏幕前进行演示，如图 7-3 所示。

图 7-3　纸尿裤的优点讲述及展示

2．讲述产品价格

主播介绍完产品特点之后，需要讲述产品的价格，这时可以突出介绍本次直播的产品在价格上的优惠，以及购买福利，还可以借助动作手势进行强调。当主播讲述时，直播间左下方的产品信息栏中也会显示产品的价格，如图 7-4 所示。

3．讲述产品数量

产品的数量包括直播间中本次上架产品的数量以及剩下产品的数量。主播可以对直播产品的数量进行限制或者将产品批次上架，营造紧张的气氛。如果产品没有了或者已经下架了，主播也需要在直播间内提醒用户。例如库存仅剩 100 件，先付款先得等。

图 7-4　左下角产品信息栏中的价格显示

4．试穿效果展示

在服饰的直播中,主播可以试穿服饰,或者让模特进行试穿,并向用户展示效果。图 7-5 所示为淘宝直播中主播试穿汉服的效果展示。

图 7-5　淘宝直播中主播试穿汉服的效果展示

7.1.4 应对提问：加强直播间的互动性

有时候，粉丝会让主播回答热点评议的一些问题，不管是粉丝还是主播，都会对热点问题有一种特别的关注。很多主播会借着热点事件，来吸引用户观看。这种时候，粉丝往往想知道主播对这些热点问题的看法。

有些主播，为了吸引眼球，进行炒作，就故意做出违背三观的回答。这种行为是极其错误且不可取的，虽然主播的名气会因此在短时间内迅速上升，但其带来的影响是负面的、不健康的，粉丝会马上流失，更糟糕的是，想要吸引新的粉丝加入也十分困难了。

那么，主播应该如何正确评价热点事件呢？可以从三点出发：（1）客观中立；（2）不违背三观；（3）不偏袒任何一方。

当用户对主播进行提问时，主播一定要积极回复。这不仅是态度问题，还是获取用户好感的一种有效手段。那么，怎样做到积极回复用户的提问呢？

一是用户进行提问之后，尽可能快地作出回复，让用户觉得你一直在关注直播间弹幕的情况。

二是尽可能多的对用户的提问作出回复，因为这可以让被评论的短视频用户感受到你对他（她）的重视。主播回复的弹幕越多，获得的粉丝就会越多。

7.1.5 活跃留言区：巩固粉丝的稳定性

打造活跃的评论区主要可以起到两个方面的作用：一是加强与粉丝的沟通，做好用户的维护工作，从而更好地吸引用户关注账号；二是随着评论数量的增加，主播的热度也将随之而提高。这样一来，主播将获得更多的流量，而直播的营销效果也会更好。这一小节介绍5种方法打造活跃的直播评论区。

1. 内容引起观众讨论

许多用户之所以会对直播进行评论，主要就是因为他（她）对直播中的相关内容有话要说。针对这一点，直播运营者可以在打造直播时，尽可能地选择一些能够引起用户讨论的内容。这样做出来的直播自然会有让用户感兴趣的点，而用户参与评论的积极性也会更高一些。

以介绍化妆品的短视频为例，许多人的皮肤都有闭口、痘痘、黑眼球、眼袋等问题，于是部分运营者据此打造了相关的短视频内容，吸引被这些皮肤问题困扰的用户点击以及评论，如图7-6所示。同样，这类分享在化妆品直播中也适用。

图 7-6　评论区粉丝的讨论

爱情自古以来就是一个能够引起广泛关注的话题，每个人都有自己的爱情观，同时，每个人也希望收获自己梦想中的爱情。但是，现实与梦想之间却存在着一些差距，现实中的很多人的爱情并非那么美好。比如有的人在爱情中太过偏执、控制欲太强，甚至爱得太过疯狂。于是部分短视频运营者据此打造了相关的短视频内容。

因为每个用户对爱情都有自己的看法，再加上看完直播之后，心中有一些感触，因此纷纷发表评论。

2．引导粉丝主动留言

在直播平台中，有一部分用户在刷直播时会觉得打字有些麻烦。除非是看到了自己感兴趣的话题，否则他们可能没有心情，也没有时间对直播进行评论。为了更好地吸引这部分用户积极主动地进行评论，直播运营者可以在直播中设置一些用户都比较感兴趣的互动话题。

比如直播运营者可以以日常生活中不经意间经历的一些痛（如脚趾不小心踢到了坚硬的物体）为话题，打造一个直播。因为大多数人在日常生活中都经历过这种不经意的痛，部分用户甚至经历过直播中集中展示的所有不经意间的痛，因此看到这个话题之后，许多用户都会主动在评论区发表自己的意见。

其实每个人都是有表达需求的，只是许多人认为，如果涉及的话题是自己不感兴趣的，或者话题对于自己来说意义不大，那么就没有必要花时间和精力去表达自己的意见了。因此，直播运营者如果想要让用户积极表达意见，就需要通过话题的设置先勾起用户的表达兴趣。

3. 内容引发粉丝共鸣

内容运营者必须懂得一个道理，那就是每种内容能够吸引到的用户是不同的。同样是歌曲，那些阳春白雪的歌曲能够听懂的人很少，所以吸引的用户相对较少；而那些下里巴人的歌曲，因为通俗易懂，所以通常能获得更多人的应和。

其实，在做直播内容时也是同样的道理。如果直播做的是专业的、市场关注度不高的内容，那么做出来的直播，有兴趣看的人都很少，而观看直播的人就更少了。相反的，如果直播做的是用户普遍关注而参与门槛低的内容，那么那些有共鸣的用户，自然而然地就会点击直播观看并进行评论。

因此，直播运营者如果想让直播获得更多的评论，可以从内容的选择上着手，重点选择一些参与门槛低的内容，通过引发用户的共鸣来保障直播的评论量。

减肥是大家普遍关注的一个话题，而且许多用户也有减肥的计划，或者正在减肥，所以主播可以将自己的减肥经历进行分享和展示。

4. 提问方式吸引观众

相比于陈述句，疑问句通常更容易获得回应。这主要是因为陈述句只是一种陈述，其中并没有设计参与环节。而疑问句则是把问题抛给了受众，这实际上是提醒受众参与互动。因此，在直播文案中设计提问，可以吸引更多用户回答问题，从而直接提高评论的量和评论区的活跃度。

通过一个提问来吸引用户回答问题，从而提高评论区活跃度，具体该怎么做呢？举个例子，主播可以问用户："有多少人（是）这样借钱（的）？"之后对借钱人借钱前后的态度转变进行展示：借钱时，直播中的人物喜笑颜开，并拱手感谢；而借钱之后，让他还钱时，直播中的人物则一脸怒容。

自古以来，借钱就是一个非常敏感的话题。被借的人如果不借，可能会破坏彼此的感情；如果借了，对方又没有按时还，那么让对方还钱又是一件麻烦的事。一旦处理不好，就会激化双方之间的矛盾。再加上许多人借钱给他人的过程中，有一些不愉快的经历。当直播运营者就这个话题提问时，许多观众就会纷纷发弹幕，表达自己的意见。

5. 采用场景化的回复

关于场景化的回复，简单的理解就是结合具体场景做出的回复，或者内容能使用户想到具体场景的回复。例如在回复中向用户介绍某种厨具时，主播如果把该厨具在什么环境下使用、使用的具体步骤和使用后的效果等内容进行说明，那么回复内容便变得场景化了。

相比于一般的回复，场景化的评论在用户心中构建起了具体的场景，所以，用户看到回复时，更能清楚地把握产品的具体使用效果。而大多数用户对产品在具体场景中的使用又是比较在意的，因此场景化的回复往往更能吸引用户的目光。

7.2 学习聊天技能：让你的直播间嗨翻天

主播在直播间不知道如何聊天，遭遇"冷场"怎么办？为什么有的主播能一直在直播间与用户聊得火热？在本节中，笔者将为大家提供5点直播聊天的小技巧，为主播解决直播间"冷场"的烦恼。

7.2.1 感恩心态：随时感谢观众

有句话说得好："细节决定成败！"作为主播，如果在直播过程中对细节不够重视，那么用户就会觉得你有些敷衍。在这种情况下，账号的粉丝很可能会快速流失。相反，如果主播对细节足够重视，那么用户就会觉得你在用心运营。而用户在感受到你的用心之后，也会更愿意成为你的粉丝。

在直播的过程中，主播应该随时感谢观众，尤其是对打赏主播的用户和新进入直播间的用户。在淘宝直播平台中，有的主播会对新进入直播间的粉丝设置欢迎词，如图7-7所示。

第7章 语言能力：打造一流的口才

图 7-7 进入直播间自动提示欢迎词

除了表示感谢之外，做好细节工作，认真回复短视频用户的评论，让短视频用户看到你在用心运营，也是一种使普通用户转化为粉丝的有效手段。

7.2.2 乐观积极：保持良好心态

在现实生活中，有一些人喜欢抬杠，而在网络上，许多人因为披上了马甲，所以，直接变身为"畅所欲言"的键盘侠。面对这些喜欢吐槽甚至语言中带有恶意的人，主播一定要保持良好的心态。千万不能因为这些人的不善而与其互喷，否则，许多用户可能会成为你的黑粉，以寻求其自身的存在感，他们会在你身上发泄自己的不满。

在面对个别用户发送的带有恶意的弹幕时，你作为主播，不与他们互喷，而是以良好的心态进行处理，其实是一种有素质的表现。这种素质有时候也能让你成功获取其他粉丝的关注以及赞赏。那么，在面对用户的吐槽时，要如何进行处理呢？我给大家提供两种方案。

（1）用幽默的回复面对吐槽，在回复用户弹幕评论的同时，让用户感受到你的幽默感。以美妆主播为例，因为视频中出镜的女性长得不是很好看，所以，许多用户在评论区吐槽，让出镜的女性戴面纱遮住脸。看到这些评论时，主播不仅不生气，反而用比较幽默的方式积极进行回复。许多原本带有恶意的用户，在看到其回复之后，也不禁对其生出了一些好感，如图7-8所示。

> **专家提醒**
>
> 此外，主播自己也可以在直播间内自我解嘲，以应对用户的恶意评论。在直播间中比较豁达、幽默且善于自我解嘲的主播，通常会受到许多观众的喜爱。

图7-8 用幽默的回复应对吐槽

（2）对于恶意的吐槽，主播可直接选择不回复，以避免产生语言上的冲突。在直播的弹幕界面，偶尔会出现部分用户的带有恶意的评论，主播在看到这些评论之后，并未理会，而是继续直播。如图7-9所示，比如某位主播在直播唱歌时，有用户发弹幕吐槽她的英文水平为乡村英文，但是这位主播依然在继续唱歌。

图7-9 忽略直播间的恶意弹幕

在实际操作时，主播也可以将这两种方案结合使用。例如当吐糟比较多时，可以用幽默的方式回复排在前面的几个弹幕。而对那些排在后面的弹幕，或者带有明显恶意的弹幕信息，直接选择不回复就好了。

7.2.3 换位思考：多为他人着想

面对用户表达的个人建议，主播可以站在用户的角度，进行换位思考，这样更容易了解回馈信息的用户的感受。

主播可以通过学习以及察言观色来提升自己的思想和阅历。察言观色的前提是心思细腻，主播可以细致地观察直播时以及线下互动时粉丝的态度，并且进行思考、总结，用心去感受粉丝的态度。

为他人着想，体现在以下几个方面，如图 7-10 所示。

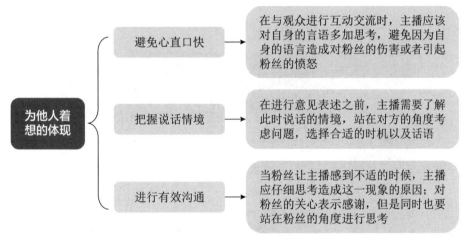

图 7-10　为他人着想的体现

7.2.4 低调直播：保持谦虚态度

面对粉丝的夸奖以及批评，主播都需要保持谦虚礼貌的态度，即使成为热门的主播也需要保持谦虚。谦虚耐心会让主播获得更多粉丝的喜爱，即使是热门的主播，保持谦虚低调也能让主播的直播生涯更加顺畅，并且获得更多的路人缘。

有的主播一直努力直播，即使被抨击也并不会反击而是欣然接受，谦虚的态度使得他的路人缘很好。如图 7-11 所示，微博粉丝纷纷对他称赞。

图 7-11 粉丝对张大仙的称赞

还有的主播在线下和粉丝交流也很谦虚，为人也很低调，受到众多粉丝的喜爱。图 7-12 所示为"旭旭宝宝"斗鱼平台鱼吧主页。

图 7-12 "旭旭宝宝"斗鱼平台鱼吧主页

7.2.5 把握尺度：懂得适可而止

在直播聊天的过程中，主播要注意把握好度，懂得适可而止。如果在开玩笑的时候，没有把握好尺度，后果可能很严重。例如有的主播就因为开玩笑过度而遭到封杀。

还有一些主播为了火，故意蹭热度，例如在地震的时候"玩梗"或者发

表一些负能量的话题，以引起用户的热议，从而提高自身的热度。结果反而引起群众的愤怒，最后遭到禁播。

如果在直播中，主播不小心说错话，激怒粉丝，主播应该及时向粉丝道歉。例如口红王子在与某女明星进行直播时，不小心说错了话，但最后在微博上向观众以及某女明星道了歉，得到了粉丝的原谅。

7.3 语言销售能力：提高直播变现能力

在直播中，想要赢得流量，获取用户的关注，作为主播需要把握用户心理，并且投其所好。在本节中，笔者将为大家讲述五大方法，提高主播的销售能力。

7.3.1 提出问题：直击消费者的痛点、需求点

如何在直播中提出问题，以电商直播为例，在介绍之前，主播可以利用场景化的内容，先表达自身的感受和烦恼，与观众聊天，进而引出问题，并且让这个问题成为直播期间的话题。图7-13所示为蘑菇街购物台的直播，主播全程都围绕着"肌肤"的问题进行讲解。

图7-13 围绕"肌肤"问题的蘑菇街直播

7.3.2 强调问题：尽可能强调被用户忽略的细节

在提出问题之后，主播还可以尽可能将问题讲得全面。例如美妆产品的直播过程中，介绍防晒产品时，主播可以将防晒的重要性以及不做防晒的危害讲得仔细一些，比如紫外线会加速皮肤衰老等。图 7-14 所示为淘宝直播中，主播讲述防晒及卸妆的重要性。

图 7-14　淘宝直播中主播讲述防晒及卸妆的重要性

7.3.3 引入产品：用产品解决前面提出的问题

讲述完问题之后，主播可以引入产品来解决问题。举例来说，减肥通常是大多数女生会讨论的一个话题，如何减肥？方法有许多，主播可以从不同的角度进行讲解。例如从控制饮食的角度来讲，讲述完如何控制饮食之后，主播就可以推荐相关产品了。图 7-15 所示为主播进行代餐产品引入的直播。

除此之外，主播还可以从服饰搭配的角度来讲，例如如何搭配显瘦，接着推荐一些自用的穿搭，或者也可以从运动的角度来讲解，推荐瑜伽垫、瑜伽球等产品。

第7章 语言能力：打造一流的口才

图 7-15 主播进行代餐产品引入的直播

7.3.4 提升高度：详细地讲解产品增加附加值

引出产品之后，还可以从以下几个角度对产品进行讲解，如图 7-17 所示。

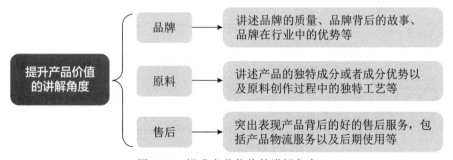

图 7-16 提升产品价值的讲解角度

7.3.5 降低门槛：击破消费者购买的心理防线

最后一个方法是降低门槛，讲完产品优势及提高产品价值后，主播应该给用户提供本次购买的福利，或者利用限制数量来制造存货紧张的气氛，让

169

消费者产生消费冲动,继而在直播间下单。图 7-17 所示为某明星在淘宝直播官方台的直播,在直播间中,产品的优惠力度非常大,还有各种福利。

图 7-17　某明星在淘宝官方台的直播

第 8 章

营销话术：提升说服力

提前策划一套直播脚本，可以为主播的直播保驾护航。那么直播脚本该如何策划呢？在本章中，笔者将为大家介绍直播脚本的策划方法和流程。除此之外，本章还讲述了直播话术及常见的观众提问两个部分，帮助主播更好地进行直播，提高直播的转化率。

8.1 套用模板：策划直播脚本

在现在的直播销售行业，镜头前及幕后涉及的工作项非常多。以电商直播为例，所涉及的工作，除了有向观众、粉丝进行商品展示外，还需要联络商家和粉丝。而且现在主播的直播时长已经在往两位数上延长，这也带来了大量的直播内容填充工作。

为了保证这一系列的工作衔接、产品展示以及销售流程的顺利进行，为了填充整个直播内容，同时让主播的工作顺利自然地进行下去，机构和主播就需要事先对直播的脚本进行策划。

直播脚本可以让主播和工作人员提前准备好直播所需要处理的一系列事情，可以帮助主播有目的、有重点地去进行商品的推广工作。

设置直播脚本，可以让主播和工作人员提前进行一个直播演习，让每个人都明白自己的岗位和需要处理的事情，以保证正式直播时可以顺利地进行下去。并且，脚本的制定可以让整场直播能够有序地进行。对于主播来说，开播前整理好自己的直播脚本并熟悉脚本，尤其重要。

主播遵循清晰、确定的直播流程，思路才不会乱，也可以更好地引导客户分下单，提高自己的带货率。图 8-1 所示为某新品单品直播实例。

直播流程	直播内容	话术建议	
1 明确买家	1. 直播目的是招募分销商 2. 主要买家是批发商、淘宝掌柜	明确目的，明确买家，是自用还是招募代理	找到痛点
2 需求引导	1. 产品好卖走量 2. 产品有利润	卖货强调就产品优势，体现主播专业性；招募供应商，体现供货稳定，产品好，热销	
3 产品讲解	1. 款式介绍 2. 规格、面料、成分的详解说明 3. 核心优势点，材料好，透气性强	由表及里，分步骤描述：包装、规格、色彩、触感、特性，以及使用时的感觉等；	产品展示
4 场景还原	1. 运动流汗，透气性强 2. 夏天穿着舒服凉爽…… 3. 对健身有要求的人群 4. 适合出街，好看街拍	联想产品在销售热卖的场景，生动的用语言描述出来，与客户产生共鸣	
5 卖点展示	1. 款：明星同款款 2. 好卖：淘宝销量高 3. 品质好，透气性强，实验对比	没有模特搭配，拿iPad，把明星穿着图和淘宝热销的截图展示。 热水实验，拿其他产品对比实验	提升高度
6 深挖优势	1. 老店 2. 三项指标评分高于同行业 3. 源头厂货，供货稳定，检测标准高，品质好 4. 分销商回购量大，好评多	熟知店铺规则，扬长避短，讲解店铺优势 选择1-2个最突出最打动人的产品优势进行深度讲述，复述客户对本产品的好评	
7 直播优惠	如果招募供应商，直播间拿什么政策优惠力度大？	为了拿到这个目的，要付出什么	降低门槛
8 限时限量	1. 限时抢购（某一整点进行活动） 2. 限量优惠（只有有限的数量也可提供）	用坚定的语言让粉丝感受的产品的稀缺，促成交易的达成	

图 8-1 新品单品直播实例（以服装为例）

除此之外，直播脚本还可以帮助主播应对以下情况：在面对突如其来的粉丝提问，一时措手不及而不知道怎么进行下一步时，可以快速地找回自己的直播重心；拿到一件新的服装，不知道怎么介绍，找不出卖点时，可以不慌不忙地进行卖点传递；当黑粉无端在直播间进行挑刺、攻击自己时，可以联络场控及时清理。诸如此类的问题，都可以通过事先制定直播脚本来解决。

反之，如果没有直播脚本，那么在直播过程中，一旦出现上述问题，而主播没有及时处理，直播就会给观众一种粗糙的感觉。要知道，在直播过程中，如果没有合理的危机应对方式，主播很容易手忙脚乱，而一旦打断了直播流程和思路，主播的带货率就会变差。

8.1.1 大纲：规划方案

主播要想拥有一份完善、完美的直播脚本来使自己的直播销售顺利地进行，首先就要了解直播脚本涉及哪些方面或者说有什么具体要求。下文介绍一下有关直播脚本的信息，帮助大家更好地了解直播脚本。

首先，在服装脚本策划前，我们要知道直播脚本分为直播主题（话题）和直播目的两大板块。当然，直播主题和直播目的的宗旨都是让主播顺利地进行直播工作。

主播可以进一步了解直播主题和直播目的所涉及的内容，从而帮助自己更好地理解直播脚本内容。图 8-2 所示为直播主题和直播目的所涉及的指标内容。

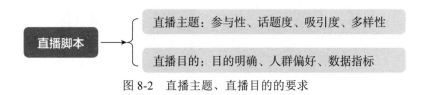

图 8-2　直播主题、直播目的的要求

1. 直播主题

直播主题要尽量选择观众参与度高的，直播主题的吸引度指的是主题能够吸引顾客、粉丝的注意力。主题最好可以拥有一定的话题度，这样主播在日常直播的过程中，能够穿插不同的话题与粉丝进行讨论和互动。此外，直播主题多样性指的是主播设置分享话题的时候，最好能够采取不同的表达方式。图 8-3 所示为直播间设置的活动主题。

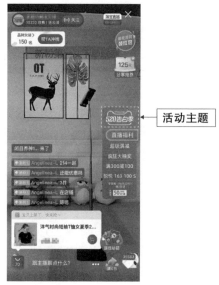

图 8-3　直播间的活动主题

2. 直播目的

目的明确就是让工作人员和主播在开播前清楚地知道这场直播是为了什么。例如服装直播，直播目的是新客福利，还是周年庆清仓。直播目的需要在画面中明确标出来。图 8-4 所示为直播间清仓大酬宾活动、节日活动。

图 8-4　直播间清仓大酬宾活动、节日活动

了解人群偏好，要求主播去了解自己的受众群体是哪一类型的人，这样在设置直播间活动的时候，就可以在内容选择上，偏向他们最关注、在乎的一面。

比如说，如果主播的粉丝人群是二十多岁的年轻女性，那么主播在做粉丝福利的时候，就应该选择这个年龄层更加能接受的如口红、香水之类的东西，这样才能引起粉丝们的关注。

分析数据指标，也就是主播可以对直播的点击观看人数、互动率等数据指标进行分析，来确定这场直播做得是否优秀。

8.1.2 策划：活动要点

当机构和主播确定好直播脚本的方向后，为了使整场直播更好地进行，就需要制定出清晰而明确的活动策划方案。

这样能够便于工作人员对活动方案有一个明确的认知，并判断它的可操作性。这个部分要让所有的参与直播的工作人员清楚地了解活动策划的类型、要点以及产品的卖点、直播间的节奏，从而更好地让工作人员进行直播销售工作。

1. 活动策划要点

脚本策划人员在制作脚本的时候，可以根据实际的情况，考虑一次制作完一周的直播脚本。这种节奏，便于主播和工作人员进行时间安排，同时也能使一周的直播任务上下衔接清楚。如果临时做脚本策划的话，会有很多事情没有办法考虑周全。

除此之外，在做直播脚本的时候，可以把活动策划的点细分到主播在直播间的每个时间段，如图8-5所示。这样可以避免主播在直播间对服装的展示、介绍速度过快，导致整个直播节奏被打乱，以致忽略和粉丝的沟通与互动。

时间点	直播模块	模块说明	福利发放	互动说明
20:00 - 20:10	与粉丝日常交流	寒暄&日常答疑	关注红包3个	欢迎+点爱心+邀请关注
20:10 - 20:40	新品介绍	全方位展示商品	/	鼓励粉丝转发直播
20:40 - 21:00	限时特价活动	活动介绍 买二送一	店铺优惠券/抽奖送礼	福利领取指导

图 8-5 脚本策划里具体时间段的策划

2．活动策划类型

活动策划的类型有以下两种。

（1）通用、基础活动

这种活动力度属于中等程度，主播可以单日或与长期重复相结合进行，活动形式有新人关注专项礼物、抢红包雨、开播福利、下播福利等。图 8-6 所示为直播间设置的新人关注专项礼物。

图 8-6　新人关注专项礼物

在直播中，不同的时间段有什么通用活动，都需要在脚本中明确规划好。这样主播才可以从容地对观众、粉丝进行引导，从而使观众、粉丝停留的时间延长，提高直播间的流量。

（2）专享活动

这种活动力度就比较大，可以设置成定期活动，比如主播固定进行每周 1 元秒杀、周二拍卖等活动，或进行其他类型的主题活动。

这种大力度的周期活动不要求每天都进行，但活动力度一定要大，这样才可以刺激观众、粉丝的参与，活动的数量则可以根据当日直播间的在线人数来确定。同时，由于这种活动的吸引力度很大，因此可以促使观众记住这个直播间。图 8-7 所示为直播间的专享活动。

图 8-7 专享活动

3. 产品卖点和节奏

直播的商品主要分为爆款、新品、常规、清仓这几种类型。主播需要对不同类型的商品进行要点提炼，同时，要在直播脚本上安排固定的时间段来进行商品推荐和商品讲解。图 8-8 所示为清仓和新品两种商品类型。

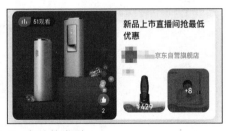

图 8-8 商品的类型

如果直播的是服装类的产品，那么主播需要不断地补充服装相关的知识，因为服装流行的款式、风格一直在不断变化。如果主播在开播前没有熟悉直播流程和商品信息，那么就容易让直播间处于尴尬冷场的局面，进而打乱直播过程中该有的商品推荐、销售节奏。

8.1.3 产品：卖点展示

产品卖点可以被理解成产品优势、产品优点、产品特点，也可以被理解为自家产品和别人家产品有什么不同之处。那么怎么做才能让顾客选择自家的货品？和别家的货品相比，自家更具有竞争力和优势的点在哪里？

在销售过程中，用户或多或少会关注其中的某几个点，并在心理上认同该产品的价值。在这个可以达成交易的最佳时机点上，促使顾客产生购买行为的，就是产品的核心卖点。

找到卖点，才能让商品可以被消费者接受，消费者认可其利益和效用，最后商家才能达到产品畅销和建立其品牌形象的目的。

因此，对于商家来说，找到产品或服务的卖点，不断强化和推广，通过快捷、高效的方式，将找出的卖点传递给顾客是非常重要的。图 8-9 所示为哺乳期上衣的宣传的直播，卖点就是潮妈的选择及方便外出为婴儿哺乳。

图 8-9　产品卖点是商品主要的宣传点

主播在直播间进行服装销售时，要想让自己销售的商品有不错的成交率，就需要满足目标受众的需求，而满足目标受众的需求是需要通过挖掘卖点来实现的。

但是，如果在满足目标受众需求的对比中体现不出优势，那卖点也不能称之为卖点了。想要使商品可以最大化呈现出它的价值，主播就需要学会从不同的角度来挖掘服装商品的卖点。

1．产品风格

以服装直播为例，主播可以根据服装款式和风格，设计出一些新颖的宣传词，从而吸引粉丝的注意。例如：麻混纺衬衫式连衣裙"既可以作为外套披搭，也适合打造清爽舒适的日常穿搭"；麻混纺半开领上衣"斯文休闲两相宜，搭配出众的半开领上衣"。恰当的宣传语，可以激发顾客的好奇心，使顾客向往宣传语中营造的服装效果，从而促使顾客下单购买。

2．产品质量

产品质量的完整概念就是顾客的满意度。大部分人在选择购买产品时，都会考虑产品的质量。对于大多数人来说，质量的好坏与否，决定了他是否下单以及是否愿意再次购买。

随着生产流水线的规模化，产品的质量无法得到百分百的保证，导致部分商品的质量欠佳，例如服饰会出现褪色、起球等影响服装穿着效果以及穿着时长的问题；化妆品会出现假冒、损伤皮肤、含有添加剂等问题。因此，消费者对产品的质量问题特别关注。

同时，随着社会的不断发展，人们的收入增多、消费能力提升、消费需求发生变化，开始追求产品的质感，于是现代人对产品的质量有了另一种要求。

比如服装，顾客除了关注服装的实用性、耐用性外，也开始考虑服装能不能让自己穿着自在、舒适和简单。为此，很多的服装品牌、商家想要展现产品的卖点时，都会在体现产品的特色时，注重其质量方面的展现。

所以，主播在挖掘服装卖点的时候，可以尽情地向观众、粉丝展示服装的质量情况。例如：这款衬衫可以体现穿着者的优雅气质，而且衬衫不易起皱，不用费时打理；这款裙子质地轻薄，非常轻盈，特意搭配内衬，不易走光。

在美妆产品上，可以挖掘产品的使用感，例如粉底液，主播可以推崇其妆感自然，具有"奶油肌"的妆面效果，并且超长带妆，24小时不脱妆，等等。

3．流行趋势

流行趋势就代表着有一群人在追随这种趋势。主播在挖掘产品的卖点上，就可以结合当前流行趋势来找到产品的卖点，这也一直是各商家惯用的营销手法。

例如流行一时的 BM 穿衣风格，其标志性的穿搭为短款的上衣，以及紧身的半身裙。这种风格受到女性们欢迎，因此，各大电商的服装直播，以及线下的实体店铺进行的直播，其上衣类型也多为短款，如图 8-10 所示。

图 8-10　结合流行趋势突出卖点

例如当市面上大规模流行莫兰迪色系的时候，主播在服装的介绍上也可以标注莫兰迪色标签，以吸引消费者的关注；夏天来临，女性想展现自己性感身材，主播就可以在一字肩款式的服装卖点上突出"展现好身材"的效果。

4．明星同款

明星同款，表示名人所产生的吸引群体注意力、强化事物形象、扩大影响范围的现象。大众对明星的一举一动都非常关注，他们希望可以靠近明星的生活，得到心理的满足。这时，明星同款就成为服装的一个非常好的宣传卖点。

名人效应早已在生活中的各方面产生了一定的影响，例如选用明星代言产品，可以刺激大众消费；明星参与公益活动项目，可以带领更多的人去了解、参与公益。名人效应就是一种品牌效应，它可以带动人群。

主播利用名人效应来营造、突出服装的卖点，可以吸引消费者和粉丝，让他们产生购买的欲望。

5．原创设计

以服装为例，知名服装设计师所设计的服装，每一次设计的产品面世，都能吸引大家的目光。对于大众来说，知名设计师所设计的服装，在一定程度上代表着流行、经典、出色。除此之外，也代表着设计师的一种人生态度和人生经历。

消费者出于对设计师个人的崇拜、追随以及信任，往往会去购买甚至抢购。所以，主播在挖掘服装的卖点时，如果这款服饰是设计师款，或者是设计师同款，就可以着重突出这一点。还有一些原创设计品牌的直播，产品的卖点就是其原创性，如图 8-11 所示。

图 8-11　原创设计作为卖点

6．消费人群

不同的消费人群对服装的关注、需求点不同，主播在面对这种情况时，就需要有针对性地突出服装的卖点，从而满足不同顾客群体的需求。

还是以服装为例，成人服装款式需要在卖点上突出服装的美观性、多功能性，而童装的设计和风格就要突出可爱的特点，卖点宣传上会偏向于服装的实用性、舒适性。

7. 出色的细节

主播在进行服装销售直播时，可以着重展示服装款式上比较出色的设计部位。这种细节往往可以吸引消费者的目光，打动消费者的心，使他们产生购买欲望。

由于服装穿在身上，很难把服装的细节特色展现出来，因此可以通过拍摄照片对服装的细节之处进行醒目的展示。这迎合了消费者希望自身的形象更加有特色和有新颖感的心理，同时让追求细节的消费者看到他们想要的细节展示。

另外，在直播时，主播拿到服装后，发现服装的某个细节的设计得特别好，想展现给屏幕前的粉丝看，吸引她们的注意力；或者有粉丝提出，想看主播身上服装的某个细节部位时，为了激发粉丝的购买欲望，满足顾客提出的要求，主播就可以采取直接靠近镜头的方式，把服装的特色设计展现出来，以此形成卖点。

图 8-12 所示为主播直接通过镜头向观众展示服装细节的效果。

图 8-12　主播贴近镜头展示服装

8.2 直播话术：新主播必须掌握

主播在销售过程中，除了要把产品很好地展示给顾客以外，最好还掌握一些销售技巧和话术，这样才可以更好地进行商品的推销，并能提高主播自身的带货能力，从而让主播的商业价值可以得到提升。

由于每一个顾客的消费心理和消费关注点都是不一致的，在面对合适、有需求的商品时，仍然会由于各种细节因素，导致最后没有采取实际的下单行动。

面对这种情况，主播就需要借助一定的销售技巧和话语来突破顾客的心理防线，促使顾客完成下单行为。本节将向读者介绍几种销售的技巧和话术，帮助大家提升带货技巧，创造直播间的高销量。

8.2.1 "介绍"法：一句话让消费者身临其境

介绍法是介于提示法和演示法之间的一种方法。主播在直播时，可以用一些生动形象、有画面感的话语来介绍产品，达到劝说消费者购买产品的目的。下面向各位读者描述一下关于介绍法的 3 种操作方式，如图 8-13 所示。

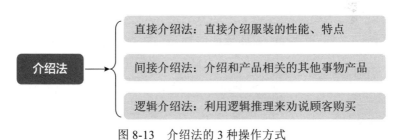

图 8-13　介绍法的 3 种操作方式

1. 直接介绍法

直接介绍法是销售工作人员直接向顾客讲述产品的优势和特色，从而达到劝说消费者购买的一种办法。这种推销方法的优势就是节约时间，直接让顾客了解产品的优势，省却不必要的询问过程。

例如这款服饰的材质非常的轻薄贴身，非常适合夏季穿着，直接介绍服装的优点，提出产品的优势，或者在直播间标明服装可以用消费券购买，吸引顾客购买。

2. 间接介绍法

间接介绍法是向顾客介绍和产品相关的其他事物来衬托产品本身的一种方法。例如，主播想向观众介绍服装的质量，却没有直接说服装的质量多么多么好，而是采用介绍服装的做工、面料的方法，来表明服装的质量过硬、值得购买，这就是间接介绍法。

3. 逻辑介绍法

逻辑介绍法是销售工作人员采取逻辑推理的方式，来达到说服顾客购买产品的一种沟通推销方法。这也是线下销售中常用的一种推销手法。

比如主播在进行推销时，向顾客说："用几次奶茶钱就可以买到一件美美的服装，你肯定会喜欢"。这就是一种较为典型的推理介绍，以理服人、顺理成章、说服力很强。

8.2.2 "赞美"法：促使消费者开心爽快埋单

赞美法是一种常见的推销话语技巧，这是因为每个人都喜欢被人称赞，喜欢得到他人的赞美。被赞美的人很容易情绪高涨，心情愉悦，也就很容易在这种心情的引导下产生购买的行为。

三明治赞美法属于赞美法里面比较被推崇的一种表达方法。它的表达方式是：首先根据对方的表现来称赞他的优点；然后再提出希望对方改变的不足之处；最后，重新肯定对方的整体表现状态。通俗来讲，就是：先褒奖，再说实情，再说一个总结的好处。图 8-14 所示为三明治赞美法的表达形式。

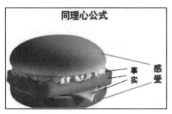

图 8-14 三明治赞美法的同理心表达公式

在直播中，主播可以通过三明治赞美法来进行销售。例如当粉丝担心自己的身材不适合这件裙子时，主播就可以对粉丝说："这条裙子不挑人，大家都可以穿，虽然这款裙子的样式可能有点不适合你，但是这款裙子的风格非常适合你，不如尝试一下。"

8.2.3 "强调"法：重要的直播间福利说三遍

强调法，也就是需要不断地向顾客强调这款产品多么得好，多么地适合粉丝，类似于"重要的话说三遍"这个意思。

当主播想大力推荐一款产品时，就可以不断地强调这款产品的特点，以此营造一种热烈的氛围，在这种氛围下，粉丝很容易受到感染，不由自主地就会下单。主播在带货时，可以反复强调此次直播产品的优惠力度，例如福利价五折、超值优惠、购买即送某某产品等。

8.2.4 示范法：主播替你把关请放心购买

示范法也叫示范推销法，它要求主播把要推销的产品展示给顾客，通过对产品的看、摸、闻，激起顾客的购买欲望。

直播销售的局限性在于顾客无法亲自看到产品，而主播的作用之一就是代替消费者来对产品进行体验。在粉丝看来，主播相对更加了解产品，因此由主播代替自己来体验产品，粉丝也会更加放心。图 8-15 所示为示范推销法的操作方法。

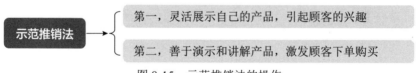

图 8-15　示范推销法的操作

1. 灵活展示自己的产品

示范推销法是一种日常生活中常见的推销方法，其中涉及具体的方法和内容较复杂。不管是商品的陈列摆放、当场演示，还是模特展示商品的试用、试穿、试吃等，都可以称之为示范推销法。

它的主旨目的就是希望达到一种让消费者亲身感受产品优势的效果，同时通过把商品的优势尽可能的全部展示出来，以引起顾客的兴趣。

现在的电商直播都会选择这种方式，主播会对产品细节进行展示，或试吃美食，评价美食的口感，等等。图 8-16 所示为带货主播美食产品试吃的直播间。

图 8-16 带货主播试吃美食产品

2. 善于演示和讲解产品

对于销售人员来说，善于演示和讲解产品是非常必要的技能。毕竟说再多，不如让顾客亲自使用一下产品，尤其能让顾客亲自来试用商品就更好。比如出售床上用品的商家，通常会创造一个睡眠环境，让顾客在床上试睡。

但直播这种线上销售方式，无法使顾客亲自使用、了解产品。这时，主播就可以在直播过程中，自己使用产品，通过镜头灵活地展现产品的使用效果，如图 8-17 所示。

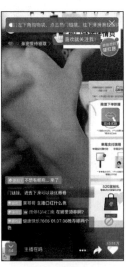

图 8-17 主播在镜头前展示产品的使用效果

8.2.5 限时法：增强直播间的紧张抢购气氛

限时法是直接告诉消费者，现在在举行某项优惠活动，这个活动到哪天截止，在这个活动期内，顾客能够得到的利益是什么。此外，提醒消费者，在活动期结束后，再想购买，就要多花钱。

"亲，这款服装，我们今天做优惠降价活动，今天就是最后一天了，你还不考虑入手一件吗？过了今天，价格就会回到原价位，和现在的价位相比，足足多了几百元呢！如果你想购买该产品的话，必须得尽快作决定哦，机不可失时不再来。"

这种推销方法，会使顾客产生一种错过这次活动再买就亏大了的心理。同时，最后的期限，能使顾客产生一种紧迫感。

主播在直播间向顾客、粉丝推荐产品时，就可以积极运用这种手法，给她们造成紧迫感，也可以在直播界面显示文字来提醒顾客。图 8-18 所示为限时法的展示。

图 8-18　直播间限时法的展示

8.3 常见问题解答示范：直播间卖货通用

了解了直播间的模板及直播的方法之后，在本节中，笔者将总结一些针对观众常问及的问题的解答示范。这些可以帮助主播更好地应对直播时观众的提问，确保直播带货的顺利进行。

8.3.1 问题1："××号宝贝试一下"

第一个常见的提问为"××号宝贝试一下"或者要求主播试穿、使用某产品。这一类型的提问，表示用户在观看直播的时候，对该产品产生了兴趣，需要主播进行试用，所以提出使用的要求。例如在服装直播中，粉丝要求主播试穿牛仔裤，那么主播可以询问粉丝对上衣有没有要求，如果没有的话，马上去帮粉丝试穿，也有时候粉丝会要求主播对服装进行相应的搭配，如图8-19所示。

图8-19 粉丝提出试穿要求

有的服装主播已经试穿过，那么就可以让粉丝直接点击下方商品详情中的"看讲解"，进行直播回顾，如图8-20所示。

第 8 章 营销话术：提升说服力

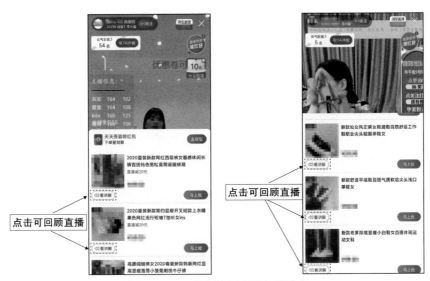

图 8-20 "看讲解"回顾主播试穿

8.3.2 问题2："主播多高多重"

第二个常见的问题是问主播的身高以及体重。虽然在服装类直播间中，页面通常会显示主播的身高以及体重信息，但是有的观众没有注意到，所以主播可以在直接回复她的同时，提醒她注意一下上方的信息，有其他的问题可以继续留言。如图 8-21 所示，有淘宝直播的主播身高、体重信息。

图 8-21 主播身高、体重信息栏

189

8.3.3 问题3："身高不高能穿吗"

第三个常见问题是用户在直播间内问主播："身高不高能穿吗？"对这个问题，主播可以请用户提供具体的身高体重信息，再给予合理意见；或者询问用户平时所穿衣服的尺码，例如连衣裙，可以告诉用户衣服是标准尺码，平时穿 L 码的用户，可以选择 L 码，也可以测量一下自身的腰围，再参考裙子的详情信息比对，选择适合自己的尺码。

8.3.4 问题4："主播怎么不理人"

有时候用户会问主播为什么不理人，或者责怪主播没有理会他们。这时候主播需要安抚该用户的情绪，可以回复说没有不理，并且建议用户多刷几次，就看见了。如果主播没有安抚的话，可能会丢失这个客户。

8.3.5 问题5："××号宝贝多少钱"

这个问题常由观看了直播但是没有看商品的详情的用户提出。对这样的用户，主播可以建议他们寻找客服，领取优惠券，以优惠价购买商品。

第 9 章

带货平台：直播的成交渠道

　　带货的平台是直播成交的渠道，熟悉带货平台可以帮助主播更好地进行直播带货。本章将为大家介绍八大常见的直播带货平台的开通方式，并总结了一些常见的直播产品类型，主要包括五大类目，分别是服装类、美妆类、母婴类、食品类和数码类。

9.1 直播平台：展现惊人的销售能力

直播行业迅速发展，那么与直播带货有关的平台有哪些呢？在本节中，笔者将为大家介绍一些常见的直播平台的开通方法，例如淘宝、京东、蘑菇街、拼多多、抖音、快手、今日头条以及微信直播等。

9.1.1 淘宝直播：全网最大的电商流量池

淘宝直播是电商直播的第一大平台。

入驻淘宝直播平台有两种途径：第一种途径，针对普通用户；第二种途径，主要针对商家、达人和档口主播。下面介绍第一种入驻淘宝直播的操作方法。

步骤 1 打开手机淘宝 APP，进入 APP 主页，在界面左上方找到"扫码"按钮，如图 9-1 所示。

步骤 2 点击"扫码"按钮，进入扫码功能界面，选择"扫一扫"选项，如图 9-2 所示，从相册中选取官方指定的主播入驻的二维码，进行扫码。（这个二维码可以问淘宝客服索要，她可以提供。）

图 9-1 找到"扫码"按钮

图 9-2 选择"扫一扫"选项

第9章 带货平台：直播的成交渠道

步骤3 扫描二维码后，手机上会显示"淘宝直播入驻指南"界面，在界面中点击"个人直播"按钮，如图9-3所示。

步骤4 进入"个人直播入驻指南"界面，滑动屏幕至界面下方，点击"一键开通直播权限"按钮，如图9-4所示。

图9-3 点击"个人直播"　　图9-4 点击"一键开通直播权限"

步骤5 进入"主播入驻"界面，在"实人认证"选项中点击"去认证"按钮，根据提示完成认证，如图9-5所示。

步骤6 实人认证成功后，在界面下方选中"同意以下协议"单选按钮，再点击下方的"完成"按钮，即入驻成功，如图9-6所示。

图9-5 点击"去认证"　　图9-6 勾选协议，点击"完成"

第二种途径，主要针对商家、达人和档口主播。首先在手机上下载最新的淘宝主播APP，安装完成后，进行注册和登录。

步骤1 打开淘宝主播APP，注册并登录淘宝主播APP后台，点击界面左上方的"主播入驻"按钮，如图9-7所示。

步骤2 进入"创建直播"界面，在界面中根据个人实际情况填写相关信息。信息填写完毕后，点击屏幕下方的"创建直播"按钮，如图9-8所示。

图9-7　点击"主播入驻"按钮

图9-8　点击"创建直播"按钮

步骤3 进入"淘宝直播"界面，在界面点击"开始直播"按钮，如图9-9所示。

步骤4 进入淘宝直播状态，若想要结束直播，点击下方"结束直播"按钮即可，如图9-10所示。

图9-9　点击"开始直播"按钮

图9-10　点击"结束直播"按钮

9.1.2 京东直播：自营商品质量更有保障

京东平台因质量和售后有保障，而得到许多用户和商家的青睐。在京东直播平台，有许多业务老总亲自带货，他们在直播中还会进行大额抽奖，吸引了不少用户参与互动，巧妙地增强了用户的购买意向。

开通京东直播需要先登录京东达人平台，成为京东达人，满足条件后，方可开通京东直播。已经是京东达人的用户，可以直接登录京东达人后台，开通京东直播即可。不是京东达人的用户，可以先注册京东达人的账号，我们将介绍京东达人的注册方式，请依照以下步骤进行注册和登录。

步骤 1 在浏览器搜索栏中搜索京东达人平台，点击京东达人的官网链接。进入"京东内容开放平台"页面后，输入你的京东账号和密码。输入完成后，点击登录，如图 9-11 所示。

图 9-11　登录京东内容开放平台

步骤 2 登入你的账户之后，页面弹出"使用手机短信验证码"，单击"获取验证码"按钮，接收短信后，输入验证码，单击"提交认证"按钮，如图 9-12 所示。

🎤 **专家提醒**

手机验证码接收有 100 多秒的时间，若因为短信发送迟缓，没有收到验证码,或者号码输入错误没有获取验证码,可在输入正确的电话号码之后,单击重新获取验证码,然后完成操作。

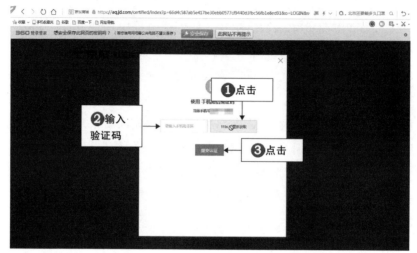

图 9-12　手机验证码验证

步骤3 输入验证码后,选择你要开通的账号类型。若是个人开通,单击"个人"选项即可,如图 9-13 所示。企业或者机构管理者开通,则分别点击对应项。

图 9-13　主播力荐界面

步骤4 选择"个人"选项,进入"实名认证"界面,填写你的真实姓名以及证件信息。填写完实名认证信息后,点击下方的"下一步"按钮,如图 9-14 所示,进行下一步操作。

图 9-14　填写个人信息进行实名认证

步骤 5 执行操作后，继续填写你的个人信息，如用户昵称、联系方式等，并进行手机短信验证码验证，完成用户头像上传，查看京东原创平台入驻协议，选中"同意《京东原创平台入驻协议》"复选框，单击"下一步"按钮，如图9-15所示。

图 9-15　填写你的个人信息

步骤 6 弹出"达人 CPS 佣金与内容动态奖励规则"窗口，阅读规则内容，单击"确认"按钮，如图 9-16 所示，进行下一步操作。

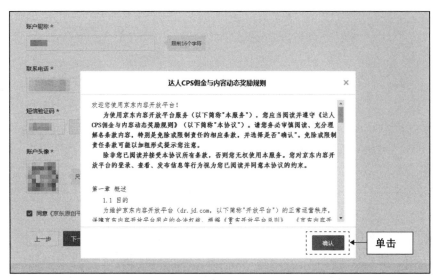

图 9-16 阅读达人 CPS 佣金与内容动态奖励规则

步骤 7 执行操作后，你已经通过了达人认证，页面会出现提示你已加入的信息，如图 9-17 所示，2 秒之后即可跳转网页。

图 9-17 你已加入京东内容开放平台的提示

步骤 8 成为京东达人之后，单击上方的"指导手册"按钮，如图 9-18 所示。
步骤 9 在左侧栏目的"内容创作"标签中，选择"直播"选项，在"直播"的页面中，会显示如何入驻京东直播，如图 9-19 所示。若是机构，请选择"机构主播及个人直播机构"后方的链接；若是商家，可以选择第二个"商家"链接。

第9章 带货平台：直播的成交渠道

图 9-18 单击"指导手册"按钮

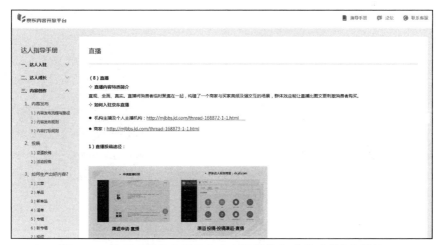

图 9-19 选择"机构主播及个人直播机构"或者"商家"链接

需要注意的是，京东直播的入驻必须满足以下条件，如图 9-20 所示，满足条件后方可进行直播申请。

图 9-20 京东直播达人入驻流程

— 199

9.1.3 蘑菇街直播：服装和美妆垂直领域的先行者

蘑菇街是服装和美妆垂直领域的先行者，拥有众多女性用户。开通蘑菇街直播需要在手机商城下载蘑菇街 APP，安装完成后，进行注册和登录，再按照以下方式申请开通蘑菇街直播的功能。

步骤 1 打开蘑菇街 APP，进入 APP 主页，界面上方显示"直播"频道，点击"主播 & 机构招募令"广告信息，如图 9-21 所示。

步骤 2 进入"蘑菇街主播 & 机构招募令"界面，滑动屏幕至界面下方，点击"个人直播"按钮，如图 9-22 所示。

图 9-21 点击广告信息

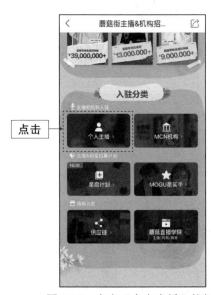

图 9-22 点击"个人直播"按钮

步骤 3 进入"蘑菇街主播招募令"界面，滑动屏幕至界面下方，点击"个人直播"按钮，如图 9-23 所示。

步骤 4 进入"蘑菇街-我的买手街"界面，在其中根据个人情况填写相关信息，如图 9-24 所示。

步骤 5 点击"提交申请"按钮，进入"新试播解答"界面，其中显示了直播试播的相关要求，如图 9-25 所示。

步骤 6 滑动屏幕至界面下方，点击"点击开始 5 分钟试播之旅"按钮，如图 9-26 所示，即可开始进行试播。待试播完成后，根据界面提示进行相关操作，即可完成蘑菇街直播的入驻。

第9章 带货平台：直播的成交渠道

图9-23 点击"个人直播"

图9-24 根据实际情况填写信息

图9-25 直播试播的要求

图9-26 点击"点击开始5分钟试播之旅"

1. 主播小店

蘑菇街直播平台的个人直播可以设置自己的直播小店，开通直播小店，需要交纳保证金，具体的详情可以在蘑菇街官网右上角"关于我们|商家入驻|招商要求|特色市场|招商规则"内进行查看。

2．品牌合作

蘑菇街平台会在对个人直播的培养中，提供与主播形象相符合的产品，产品的货源稳定，并且质量可靠，这样的方式解决了主播自行寻找货源的烦恼。同时，供货的品牌方也可以根据蘑菇街后台的主播信息，选择与自身产品相匹配的主播进行业务合作。

9.1.4 拼多多直播：更大众化的直播内容

拼多多的多多直播有门槛低、变现快的特点，受到许许多多用户的热爱，并且拼多多平台在这几年也大受欢迎，用户众多。开通多多直播步骤如下所述。

步骤 1 首先登录拼多多 APP 账号，❶点击"个人中心"标签，如图 9-27 所示；❷进入后点击你的头像；❸下滑页面后点击"多多直播"选项，如图 9-28 所示。

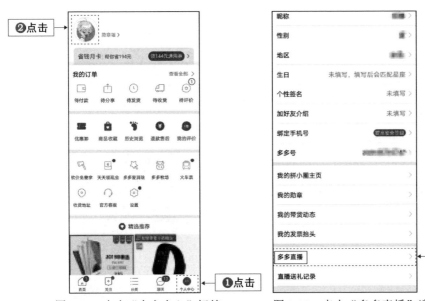

图 9-27　点击"个人中心"标签　　　图 9-28　点击"多多直播"选项

步骤 2 进入多多直播后，❶点击"开始直播"按钮，接着开启相关权限；❷点击"一键开启"按钮，如图 9-29 所示，执行操作之后，即可进入直播。

商家版拼多多与普通版的操作类似，区别是需要下载拼多多商家版。下载完成后登录商家账号，在账号后台界面中选择"工具"选项，找到"营销"选项并点击，在"营销"栏中选择"多多直播"选项，进入后点击"创建直播"

按钮,在相册内挑选你想要的封面并填写主题即可。

图9-29 点击"开始直播"并进行相关授权

9.1.5 抖音直播:容纳更多形式的内容

1. 抖音直播开通方法

抖音直播可谓促进商品销售的一种直接而又重要的方式。那么,究竟要如何开抖音直播呢?下面,笔者就对开抖音直播的方法和流程进行简单的说明。

步骤1 登录抖音短视频APP,进入视频拍摄界面,❶点击界面中的"开直播"按钮,进入直播设置界面;❷点击右侧的"带货"按钮,如图9-30所示。你可以在直播设置界面上方设置直播封面和标题。当然,如果你的抖音号此前开过直播,那么系统会默认显示之前的直播封面和标题。你也可以选择直接使用默认的直播封面和标题。

步骤2 进入"选择直播商品"界面,如图9-31所示。在该界面中❶勾选需要添加的商品;❷点击"完成"按钮。需要注意的是,该界面中出现的商品来自账号的商品橱窗,如果你需要添加其他商品,应先行将商品添加至商品橱窗。

图 9-30　直播设置界面

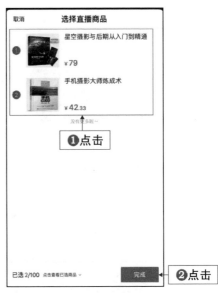

图 9-31　"选择直播商品"界面

步骤 3 操作完成后,返回"直播设置"界面,此时"商品"所在的位置会显示添加的商品数量。确认商品添加无误后,点击下方的"开始视频直播"按钮,如图 9-32 所示。

步骤 4 操作完成后,进入直播倒计时。完成倒计时后,便可进入直播界面,如图 9-33 所示。

图 9-32　点击"开始视频直播"按钮

图 9-33　进入直播界面

2. 抖音直播中常见问题解决

在直播的过程中，可能会遇到直播没声音、卡屏等问题，我们可以通过如下操作解决。

步骤01 从抖音主页进入"设置"界面，选择界面中的"反馈与帮助"选项，如图9-34所示。

步骤02 进入"反馈与帮助"界面，选择界面中的"直播（直播权限申请、直播其他问题、充值提现）"选项，如图9-35所示。

图9-34 "设置"界面

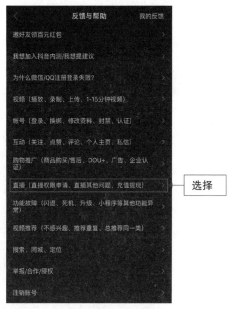

图9-35 "反馈与帮助"界面

步骤03 进入直播问题反馈与帮助界面，选择界面中的"主播开直播"选项，如图9-36所示。

步骤04 进入"主播开直播"的"反馈与帮助"界面，如图9-37所示。该界面中会显示一些与开直播相关的问题。我们只需选择对应的问题选项，便可以了解问题的解决方法。

例如，选择"为什么直播时没有声音"选项，即可进入问题解答界面，如图9-38所示。

玩赚直播
主播修炼+文案台词+成交话术+带货卖货

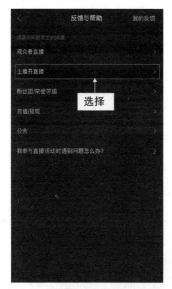
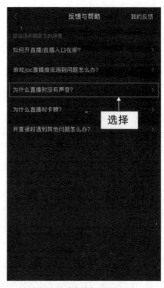

图 9-36　直播问题反馈与帮助界面　　图 9-37　主播开直播的问题反馈与帮助界面

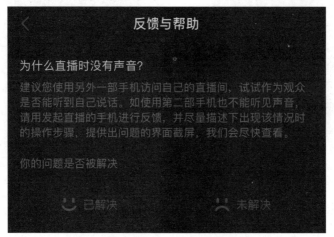

图 9-38　直播时没有声音的问题解答界面

9.1.6　快手直播：社交助力，打造强情感联结

快手是一个短视频社区，大量用户用它来记录和分享日常生活。下面我们来介绍一下快手直播的开通方法，可按照以下步骤进行操作。

步骤 1　进入快手短视频 APP 之后，点击首页界面的摄像头符号，进入拍摄界面，如图 9-39 所示。

第9章 带货平台：直播的成交渠道

图 9-39　点击摄像头进入拍摄界面

步骤2　❶在拍摄界面找到"直播"选项，点击，进入直播界面；❷点击"申请权限"按钮；❸进入"申请直播权限"界面，依次开通申请权限即可，如图 9-40 所示。

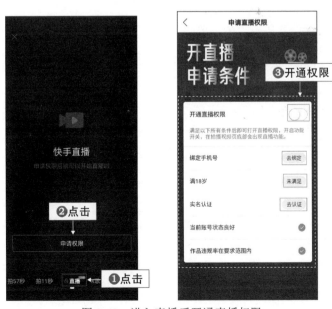

图 9-40　进入直播后开通直播权限

207

9.1.7 今日头条直播：打造专业性的直播

今日头条直播因信息推送个性化和主播具备实力，而拥有大量粉丝。今日头条的直播开通方式共有两种，主要分为 PC 端和移动终端，接下来我们先以 PC 端为例，讲解今日头条直播的开通方法。

1. PC端

以下是 PC 端今日头条直播的开通方式。

步骤1 打开浏览器，❶搜索"今日头条"；❷单击右侧的"百度一下"按钮，如图 9-41 所示。

图 9-41　搜索"今日头条"

步骤2 点击今日头条官方主页，如图 9-42 所示。

图 9-42　点击"今日头条（官方）"链接

步骤3 进入今日头条官方网站，在界面右侧单击"登录"按钮，如图 9-43 所示。

步骤4 进入相应界面，输入账号和密码，登录今日头条后台，单击界面右上角的"发文"按钮，如图 9-44 所示。

步骤5 进入今日头条后台主页，在左侧单击"西瓜视频"标签，展开相应列表；选择"我要开播"选项，如图 9-45 所示。

第9章　带货平台：直播的成交渠道

图 9-43　点击"登录"按钮

图 9-44　点击"发文"按钮

图 9-45　单击"西瓜视频"标签，选择"我要开播"选项

步骤 6 打开"西瓜视频"网页，在页面中单击"我要开播"按钮，如图 9-46 所示。

图 9-46　单击页面中"我要开播"按钮

步骤 7 进入相应界面，其中显示了主播的相关信息，单击界面上方的"我要开播"按钮，如图 9-47 所示。

图 9-47　单击界面上方"我要开播"按钮

步骤 8 进入相应界面，界面会显示开播必读的相关信息，如图 9-48 所示。

步骤 9 滚动到界面最下方，单击"西瓜直播助手"文字链接，弹出"新建下载任务"窗口，提示用户需要下载西瓜直播助手，才可以进行正常的直播操作，如图 9-49 所示。

第9章 带货平台：直播的成交渠道

图 9-48 阅读"开播必读"信息

图 9-49 点击"下载"按钮

步骤 10 单击"下载"按钮，下载西瓜直播助手，并进行安装操作。安装完成后，打开西瓜直播助手，进入软件界面，界面会提示用户选择需要开播的平台，单击"西瓜视频"按钮，如图 9-50 所示。

图 9-50 选择开播平台

步骤 11 进入"请选择直播类型"界面，❶单击"游戏直播"按钮；❷选择"全屏直播"方式；❸单击"立即开播"按钮，如图 9-51 所示。

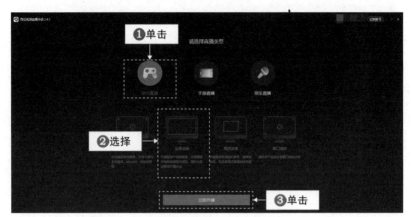

图 9-51　选择直播类型后点击"立即开播"按钮

步骤 12 执行操作后，即可打开直播界面，如图 9-52 所示。主播可以在其中进行相关的直播操作。

图 9-52　西瓜视频直播设置界面

2．移动终端

选择开通移动终端直播的用户，请阅读以下步骤。

步骤 1 进入今日头条 APP 首页，如图 9-53 所示，点击右上方的"发布"按钮，在展开的列表中选择"开直播"选项，如图 9-54 所示。

第9章　带货平台：直播的成交渠道

图 9-53　进入今日头条 APP 首页

图 9-54　选择"开直播"选项

步骤2 弹出"实名认证"窗口，❶点击"认证"按钮，如图 9-55 所示；❷进入"实名认证"界面，在界面中填写姓名和身份证后；❸点击"下一步人脸识别"按钮，如图 9-56 所示。

图 9-55　点击"认证"选项

图 9-56　进入"实名认证"界面

213

步骤 3 进入相应界面,点击页面下方的"开始验证"按钮,如图 9-57 所示;按照屏幕上方提示,完成人脸识别,如图 9-58 所示。

图 9-57　点击"开始验证"按钮　　　　图 9-58　按照指示完成人脸识别

步骤 4 在直播前请先阅读《西瓜视频直播主播签约协议》,如图 9-59 所示。阅读完毕后,点击下方"我已阅读并同意西瓜直播服务协议"。完成后,你就成为了西瓜主播,页面会给你两种直播方式的选择,如图 9-60 所示。

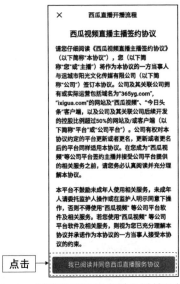 

图 9-59　阅读西瓜视频直播主播签约协议　　　图 9-60　页面两种开播方式提醒

步骤5 ❶选择"手机开播"方式;❷点击"下一步手机开播"按钮,如图9-61所示,页面中提示开播必读信息;❸阅读完之后点击"我已阅读"按钮,如图9-62所示,再填写直播间信息即可进入直播。

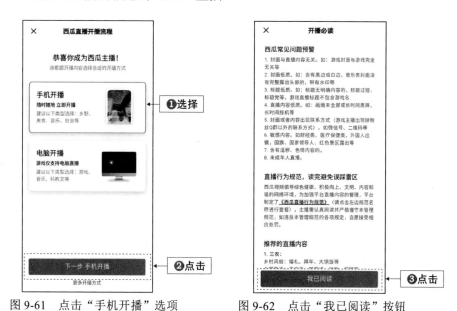

图9-61　点击"手机开播"选项　　　　图9-62　点击"我已阅读"按钮

9.1.8　微信直播:熟人社交,加强用户间的黏性

微信直播以微信用户作为基础,主要针对的是用户的好友以及相同交际圈内的用户。微信直播的优势在于能够加强用户之间的黏性。微信直播的方式主要有两种,一种是公众号直播,另一种是小程序直播。

开通微信小程序直播,需要具备两个条件:一是拥有自己的小程序;二是小程序收到了微信的公测邀请。只有具备这两个条件的用户才能开通,在本小节中只讲述微信公众号直播的开通方式。

微信公众号的直播需要借助直播平台,微赞直播是微信公众号常用的直播平台,除此之外,也可以使用其他的直播平台。在这里,我们将以微赞直播的开通作为示范,介绍微信公众号直播的开通步骤。

步骤1 首先打开APP商城,搜索"微赞直播"APP,❶点击"获取"按钮进行下载,下载完成后;❷点击"打开"按钮,如图9-63所示。

步骤 2 执行操作后，进入 APP 首页，❶点击右下方的"我的"按钮，进行登录，如图 9-64 所示；❷点击"微信登录"按钮，如图 9-65 所示，即可跳转到微信界面，进行授权登录。

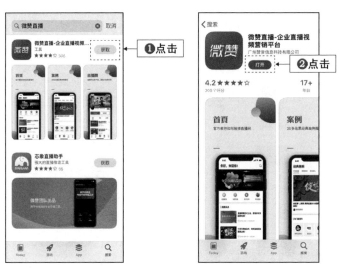

图 9-63　下载微赞直播 APP

步骤 3 登录完成之后，进入相应界面，❶点击下方的摄像符号按钮，如图 9-66 所示。在显示列表的六个选项：视频直播、图片直播、上传小视频、第三方直播、图文直播、语音直播中；❷选择"视频直播"选项，如图 9-67 所示。

图 9-64　点击"我的"按钮

图 9-65　点击"微信登录"绿色按钮

第9章 带货平台：直播的成交渠道

图 9-66　点击"视频"图标按钮　　图 9-67　选择"视频直播"选项

步骤 4 执行操作后，页面弹出"提示"文本框，邀请用户开通直播间，❶点击"立即开通"按钮，如图 9-68 所示；界面跳转后，❷点击"一键创建直播间"按钮，如图 9-69 所示。

图 9-68　点击"立即开通"按钮　　图 9-69　点击"一键创建直播间"按钮

步骤 5 执行操作后，❶在界面内填写你的个人信息，包括姓名以及电话号码，如图 9-70 所示；完成后，点击"获取验证码"按钮，等待手机验证码信息，同时你可以查看《服务协议》，验证码发送到手机后，输入验证码上的数字；

217

❷点击"阅读并同意《服务协议》"复选框;❸点击"一键开播"按钮,弹出直播间认证;❹点击"去认证"按钮,如图 9-71 所示。

图 9-70　点击"一键开播"按钮　　图 9-71　点击"去认证"按钮

步骤6 进入直播间认证后,可以根据自身情况选择"企业"选项或"个人"选项。如果❶选择"企业"选项,那么企业的认证需要另填写公司的规模,如图 9-72 所示。❷个人用户请选择"个人"选项,如图 9-73 所示。

图 9-72　"企业"认证信息填写　　图 9-73　"个人"认证信息填写

步骤7 选择"个人"认证需要进行身份证号的填写与上传，如图9-74所示；填写完之后，❶点击"提交认证"按钮；认证之后，❷选择"视频直播"选项，如图9-75所示。

图9-74　下一步资料填写后点击"提交认证"按钮　　图9-75　选择"视频直播"选项

步骤8 进入创建直播界面，进行直播间信息填写，如图9-76所示；直播的场景有四个选项，如图9-77所示；填写完之后，点击"创建直播"按钮，即可开始直播，直播完之后将链接复制分享在公众号之中即可。

图9-76　填写直播间信息　　　　　图9-77　选择直播场景

9.2 直播产品：直播带货的常见产品

讲述完常见的直播平台直播账号的开通之后，我们需要了解的是直播带货有哪些产品。直播带货产品很多，甚至有许多主播在直播间卖房。但是常见的带货产品可以总结为五大类：服装、美妆、母婴、食品和数码。在本节中，笔者将为大家分别讲述这五大类产品带货要怎么做。

9.2.1 服装类直播：打造时尚达人

服装直播的用户多为时尚年轻的女性，因此主播在直播中不仅要推荐服装，还要按用户要求，进行服装搭配展示。这样做，在提供用户穿搭技巧的同时，还能加大用户的购买力度。服饰类电商直播通过直播传递当下热门的时尚理念，推动时尚的发展。

服装的种类众多，对于许多消费者来说，如何搭配一直是个困扰，这类困扰在服装电商直播中能寻求答案，因为主播会亲自搭配示范，如图9-78所示。

有时候在服装搭配中，主播还会分享合适的妆容，为用户提供妆容的参考，让用户的穿搭更具魅力。

图9-78　主播直播亲自搭配

9.2.2 美妆类直播：成为百变的女孩

相比其他种类的电商直播，美妆类直播针对高消费的女性群体，美妆直播的获利机会也非常大。在美妆直播中，你可以看到博主为你试用各类彩妆产品，例如口红试色、眼影试色、粉底试色等。图 9-79 所示为主播口红试色直播，同样也有一些护肤品的推荐，例如水、乳、霜以及精华等。

图 9-79　主播直播进行口红试色

许多明星也进入了美妆直播带货行业，随着行业发展，相信会有更多的明星选择该行业。每个明星的直播方式都不同，有的明星对自己用过的产品进行分享，例如提供护肤"秘籍"、分享好物等方式进行直播。也有明星入驻淘宝直播平台，图 9-80 所示为某女明星美妆直播现场。

图 9-80　某女明星美妆直播现场

9.2.3　母婴类直播：专为妈妈们定制

母婴类产品的受众多为年轻的妈妈们，母婴产品除了奶粉、纸尿裤、玩具、童装等之外，还有适合妈妈们的产品。传统的门店销售多为一对一的服务模式，并且需要购买者亲自去筛选、购买，而电商平台的产品众多，挑选困难。

与传统的门店相比，母婴类电商直播服务的群体更广，可以一对多，服务于许多屏幕前的妈妈们。年轻的妈妈们因为对育儿不太熟悉，会产生许多疑问，或者对宝宝的一些情况感到焦虑。而在观看直播的过程中，她们既可以通过听主播解说来解答烦恼，也可以通过弹幕形式跟其他妈妈们进行交流，共同分享育儿经验。

84%的妈妈们在购买宝宝所使用的产品前，都会对产品的安全性和实用性进行调查，经过反复的思考再购买。在母婴类直播中，育儿专家和有丰富育儿经验的主播，可以为妈妈们介绍最适合宝宝的产品。这种全方位的讲解和展示正好解决了妈妈们选择产品的焦虑，也能为妈妈们的购买提供参考。

总的来说，母婴电商直播相较于传统门店具有图 9-81 所示的优势。

第9章 带货平台：直播的成交渠道

```
┌─────────┐ ┌─ 主播一对多，服务人群更广，节省人力、物力等其他
│ 母婴电商 │─┤   资源；用户购买便捷
│ 直播优势 │ │
└─────────┘ └─ 主播更富经验的指导，更详细的介绍，为妈妈们提供
              购买参考，解决妈妈们选择困难的问题
```

图 9-81　母婴电商直播优势

在母婴产品中，除了宝宝们食用的产品以外，还有一些故事绘本产品也十分常见。随着时代的发展，家长对孩子的学前教育越来越重视，幼儿绘本也越来越受欢迎。

在直播中，平台也会利用明星的影响力，邀请一些明星参与直播，例如淘宝平台就邀请了某男演员参与绘本直播，如图 9-82 所示。

图 9-82　某男演员参与绘本直播

9.2.4　美食直播：最受吃货们喜爱

美食是广大吃货们的最爱，美食直播带货的产品类型丰富，例如休闲零食、农副产品、地方特产甚至还有肉禽产品的直播，甚至有许多明星也在参与美食直播。如图 9-83 所示，在该直播间中，这位女明星还高兴地表达了自己对吃的喜爱。

不光如此，在进行美食直播中，还有主播进行了直播带货PK，如图9-84所示。这种做法提升了直播间的热度，引起粉丝的高度反响，达到了粉丝们纷纷下单的效果。

图9-83　某女明星参与食品类直播

图9-84　食品类带货主播直播PK

9.2.5　数码类直播：只为电子爱好者

数码类直播主要包括手机、笔记本、智能手表等电子产品的直播，数码类直播包括产品的上新。例如国产某品牌2020年5月就在京东平台进行了数码产品上新直播，如图9-85所示。直播现场的数码产品价格十分优惠，在京东直播平台上吸引了众多网友的关注。

第9章 带货平台：直播的成交渠道

图 9-85 某品牌数码产品上新直播

带货卖货篇

第 10 章

直播营销：提高购买成交率

营销是直播的重要目的，直播内容营销可以分为三大要素：PGC、BGC 和 UGC。了解直播内容营销要素之后，如何提高直播间的购买成交率呢？本章不仅详情介绍了主播内容营销的三大要素，还讲述了五条直播营销技巧，帮助想要直播的你更好地进行直播带货。

10.1 直播内容营销的要素：PGC、BGC 和 UGC

直播的门槛虽低，但其产品的高转化率依然依赖于直播的优质内容。直播内容营销有三大要素：第一要素为专业生产内容（Professional Generated Content，PGC），其中"P"指携带话题性的人物，主要包括明星、网红、非娱乐圈名人；第二要素为品牌生产内容（Brand Generated Content，BGC），其中"B"指的是企业，主要为一些品牌的直播；第三要素为用户生产内容（User Generated Content，UGC），主要为用户的参与以及直播的社交属性。在本节中，笔者将详细为大家讲解这三大要素。

10.1.1 PGC：专业生产内容

在直播带货中，用户常常能看见直播内容的第一要素 PGC，这种直播具有高专业性，并且直播转化率高，但直播的投入成本也很大。在本小节中，笔者将分别讲述 PGC 要素中的三种形式：邀请明星、邀请网红、邀请非娱乐圈名人。

1. 邀请明星

用户常常可以在 PGC 直播中看到一些明星，因为明星本身拥有巨大的流量，而 PGC 邀请明星参与直播，正是利用了粉丝效应，如图 10-1 所示。

2. 邀请网红

PGC 邀请网红参与直播带货的时候，通常会邀请众多网红共同出席，例如淘宝

图 10-1　PGC 直播邀请明星参与带货

音乐节,就邀请了许多受欢迎的音乐领域的网红参与直播带货,如图10-2所示。

图 10-2　PGC 直播邀请网红参与带货

3. 邀请非娱乐圈名人

第三种形式邀请的嘉宾是非娱乐圈名人,这些人物通常与时下的热点有关,或者是某方面的专家、某领域的热点人物。

在淘宝平台"名医面对面"直播间中,就邀请了医学界的名人张文宏参与了直播;某鞋类品牌与中国皮革研究所也联合创办了鞋类的直播间,一起进行了高跟鞋的带货直播。非娱乐圈名人带货的优点是更容易与粉丝建立信任关系,不过他们的影响力可能没有明星网红大。在选择非娱乐圈名人时,我们要注意他们的口碑和影响力如何,是否与产品类型相匹配,能否可以提升产品的销量,等等。图10-3所示为两种非娱乐圈名人直播带货的案例。

图 10-3　PGC 直播邀请非娱乐圈名人参与带货

10.1.2　BGC：品牌生产内容

BGC 直播主要是品牌生产内容，为品牌产品的直播。

品牌直播间的界面通常会在背景上反复强调品牌的名称，目的是加深用户心中对品牌的印象，这也是品牌直播间的一大特色。有的品牌直播间不仅会展示品牌标签，还会展示多个品牌产品，这种做法在美妆产品的直播间中最为常见。除此之外，品牌的间通常还会采用横屏的方式进行直播。

图 10-4　BGC 直播的直播间

要进行 BGC 直播，最大的要求就是打造自身品牌，提高品牌影响力。因此有的直播间会将 BGC 与 PGC 两大要素同时加入直播中，借助 PGC 的热度力量，提高品牌的影响范围。

10.1.3　UGC：用户生产内容

UGC 是直播内容的第三个要素，是直播实现转化必不可少的要素。当 PGC 与 BGC 填充了直播后，再借助用户的参与，实现带货转化。

在直播中，例如淘宝平台的直播，屏幕中的弹幕内容、点赞数量以及产品的下单率都属于 UGC 要素，都是用户所生产的内容，如图 10-5 所示。

UGC 要素可以说是直播的社交性（例如直播面对的社交人群）的体现，它对于提高用户的参与性必不可少。

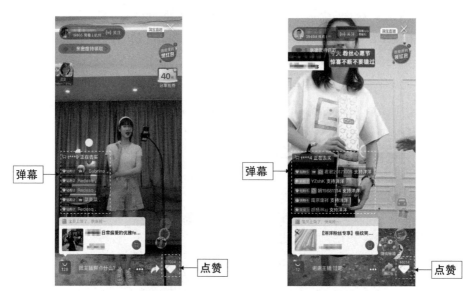

图 10-5　直播间弹幕以及点赞数值

10.2 营销技巧：让直播间的客户无法拒绝你

营销是实现直播带货的方式和途径，特别是在直播行业发展如火如荼的今天，营销型直播的力量更是不容忽视。

一个商品，如果仅仅只是通过图片、文字等方式传播、转化，往往难以达到令人惊喜的效果，而且这种营销方式很有可能随着技术、人们的生活方式的改变和发展而逐渐失去部分优势，因此，利用直播的方式进行营销可以说非常有实用价值。那么如何在直播间中进行营销呢？本节中，笔者将讲述一些提升直播间商品转化率的直播营销技巧，帮助主播提升商品销售额。

10.2.1　直播数据：多角度了解直播间

直播数据，按直播间访问次数和直播间访问人数这两个关键数据指标进行划分。想让直播间的数据得到增长，也就是要让更多观众、粉丝可以来访问自己的直播间,想获得观众、粉丝的点击和观看,就要看自己的直播能不能吸引到他们。

而直播的数据能不能直线增长,其实和多重维度有关,要想获得不错的直播间数据,可以通过以下两大类来获取。

第一类:直播频道流量。预告、预告商品、开播地点、标签、封面、标题、开播时间、开播时长,这些项目是可以在直播前就设置好的。图10-6所示为直播开播时向观众所展示的直播封面、预告商品、开播地点、标题等标签项目信息。

图10-6　直播频道流量获取的相关项目

第二类:直播间浮现权重。粉丝停留时间、粉丝回访、同时在线人数、关注、互动、分享、宝贝点击、加购和点赞,这些项目是需要主播在直播中对粉丝进行引导才可以完成的,为此很多主播会在直播界面里,引导粉丝来关注,如图10-7所示。

图10-7　主播引导观众关注自己

此外，当主播想做直播间数据分析时，累积观看人数是一个非常重要的数据，这个数据就显示在直播间的左上角。图10-8所示为直播间的观看人数数据。

图10-8 直播间的观看人数数据显示

观众在进入直播间后，如果看到这个直播间的观看人数数据比较少，很有可能就会下意识地认为这个直播间没有什么吸引人的地方，然后直接走掉。

这种现象会严重影响直播间里的粉丝停留时长数据，而这个数据会影响直播间是否获得浮现权，所以主播在直播过程中一定要做好这个数据。

10.2.2 守护主播：吸引和沉淀新粉丝

主播想维护好直播间的粉丝群，可以在直播间标题上进行暗示，在直播间内进行粉丝群的宣传。那么如何吸引粉丝入群呢？可以试试以下几种方法。

（1）气氛引导：如果直播间的主播过于沉闷，则无法调动用户的积极性，更加无法吸引粉丝加群，因此主播需要通过互动活跃直播间气氛，例如关键词抽奖。气氛活跃成功后，可以利用发放优惠券或者上新第一通知等福利吸引粉丝入群。

另外，主播还可以对新进直播间的用户表示欢迎。这样做能让用户觉得自己受到重视，进而选择停留观看。

（2）网络流畅度：卡顿或者画面延迟等直播画面问题的产生，会给用户带来不太舒适的观看体验，进而影响粉丝的心情。因此，想要沉淀新粉丝，流畅的画面也是必不可少的。选择合适的直播设备以及稳定的网络，可以确保直播画面的流畅度。

（3）观看画面效果：这里的画面效果指清晰、漂亮的效果展示，包括直播间的灯光、主播的服饰、直播间的背景等效果展示。

图 10-9　关键词抽奖

直播间的灯光要足够明亮，这样更有利于体现产品的展示效果；直播间可以选择单一干净的背景，也可以在主播背后放置一些带货产品作为背景。

吸引新粉丝入群之后，主播需要管理好粉丝群，例如设置管理员，并且要加强线下的交流以及沟通，可以在群内分享一些最新的活动、最近的生活等。

10.2.3　固定开播：保持每日直播的节奏

主播想要持续获得粉丝流量，从而提高自己直播间的数据，非常关键的一点就是要保持高频固定时段的开播节奏。

比如粉丝看某位主播的直播间已经形成了习惯，当粉丝在固定的时间段来看直播却发现主播没有直播时，就会觉得失望。一旦这种现象频繁出现，就很可能导致主播开播了，粉丝也没有点进去观看的动力。

同时，由于现在的直播间越来越多，观众的选择也就越来越多，一旦主播没有保持高频率的直播节奏，很可能就会失去自己的粉丝。所以不管是顶级的主播，如"口红一哥""淘宝女王"，还是刚步入直播行业的新人主播，他们都会保持着高频率的直播更新节奏。

大多数的主播都会选择在晚上 8 点左右开播，作为新人主播，适合在上午的时间段开播，因为这个时间段竞争者较少。在直播的前期，最重要的目标就是吸粉,而在这个时间固定开播,能够吸引更多粉丝。大主播例如网红、明星直播带货一般会选择在晚上 8 点左右开播,同时晚上 8 点左右也是直播的高峰时刻。

10.2.4 智能回复:快速响应粉丝要求

智能回复有以下 3 种常用的回复类型:第一种是粉丝输入关键词到直播界面内就可以得到自动回复的内容;第二种是粉丝进入直播间后,智能回复会自动邀请粉丝关注自己;第三种是主播被粉丝关注后对粉丝的自动感谢回复。设置智能回复,是希望主播能够及时与粉丝进行互动和沟通,也方便粉丝获取所需要的信息。

以服装的直播销售为例,主播在直播间回复的内容有以下 3 种常见类型。

(1)主播信息回复:主要是向观众、粉丝回复主播身高、体重之类的信息。因为顾客在购买服装前,往往会向主播询问她的身高、体重作为自己选衣服尺码的参考。而现在更多的主播是直接把这类信息显示在直播界面,如图 10-10 所示。

图 10-10 直播间里显示了主播的身高、体重信息

(2)商品信息回复:当主播开始展示下一件服装商品时,如果有粉丝想再了解一下主播前面试穿的产品资讯,那么可以点击直播界面左下角的口袋

符号，在展开的界面里选择感兴趣的产品，点击看讲解即可进行直播回放，如图 10-11 所示。

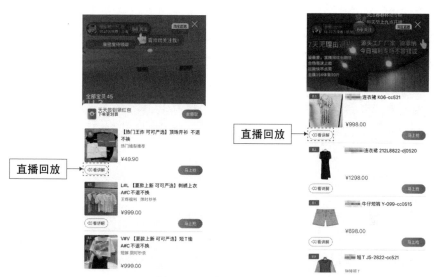

图 10-11 产品直播回放

（3）优惠信息回复：主播可以在个人资料里的直播优惠项填写相关的优惠内容。这样在用户问及优惠信息的时候，即使主播有事离开直播间，或者忙于产品展示，信息也可以自动回复给粉丝，如图 10-12 所示。有的主播也会设置小助手，提醒用户领取优惠券，如图 10-13 所示。

图 10-12 优惠信息回复　　　　图 10-13 优惠信息提醒

10.2.5 直播看点：加强宝贝的关联性

直播看点功能，能够准确定位到主播讲解过的某款服装。顾客想在直播中使用看点功能，或是想在观看直播回放内容中使用，都可以。直播看点功能既可以扩大直播间商品直播内容的可使用场景，也能加强商品和直播间的关联性。

直播看点功能，一方面能够帮助主播提高商品的下单成交转化效率，另一方面也能方便观众在直播过程中根据自己的喜好随意切换直播间指定的商品讲解片段，提升观看体验。

第 11 章

直播"种草"：引导消费者决策

　　直播形成"种草"是直播带货的关键，利用直播来引导消费者消费是直播的价值所在。那么，如何在直播中形成"种草"呢？可以从两点出发：第一是直播内容，让用户在观看直播的过程中形成"种草"；第二是利用"网红经济"，打造出"网红产品"，形成"种草"。本章将对"种草"进行详细分析。

11.1 内容带货：玩转直播"种草"

直播"种草"就是通过直播让用户对产品产生购买的兴趣，直播可以从3个方面对用户进行"种草"，分别为产品、主播以及内容。角度不同，种草的方式也有所不同。本节将为大家分别讲述如何"种草"。

11.1.1 从产品入手：用户偏爱的"种草"产品

从产品的角度对用户进行种草，可以从产品的选择以及产品的价值上出发，具体可以参考以下几点。

1．产品的高质量

消费者在主播的直播间下单，必然是因为信任主播。如果主播代言伪劣产品，那么对主播本人的形象也是不利的，而选择优质的产品，既能加深粉丝对主播的信任感，又能提高产品的复购率。在产品的选择上，可以从以下几点进行挑选，如图11-1所示。

图11-1　如何选择高质量产品

2．产品与主播匹配

产品与主播匹配的主要依据是主播的人设。例如明星带货，如果这个明星的人设是鬼马精灵、外形轻巧，那么她直播带货的产品，其品牌调性可以是有活力、明快、个性、时尚、新潮等，产品设计偏向有活力、积极、动感。如果主播的人设是认真、外表严谨，那么这个主播所选择的产品可以是更侧重于高品质的、具有优质服务的、可靠的产品，也可以是具有创新性的科技产品。这就是选择与主播人设相匹配的产品的做法。

3. 产品的独特性

产品的独特性可以从产品的设计、造型出发，产品的设计可以从产品的取材上凸显它区别于其他同类产品的地方。当然在直播带货中，产品独特性的塑造必须要紧抓消费者的购买需求。

4. 产品的稀缺性

为了显示产品的稀缺性，主播可以在直播带货时主要强调产品的数量稀少、具有设计性，例如限量、专业定制等。对于有的产品来说，这种做法是在强调这类产品是独一无二的，甚至是具有收藏价值的，例如许多限量款的球鞋、带有独家签名的球鞋、服饰等，都具有稀缺性。

除此之外，还可以从产品的功能上着手，对产品的特有功能、使用人群、使用场景甚至产地进行宣传。例如地方特产，就常利用地理的特殊性进行销售。

6. 产品的技术价值

产品的优势可以是它的先进技术优势，主要建立在研发创新的基础上。以手机或其他电子产品的直播为例，可以借助产品的技术创新进行价值塑造，例如拍照像素、续航能力、显示分辨率等，甚至可以是能够刷新用户认知的产品特点，从而给用户制造超出他们期望值的惊喜。

7. 产品的利益价值

产品的利益价值指产品与用户之间的利益关系，产品的利益价值从消费者的角度进行分析。例如产品为消费者的日常生活提供了更加舒适的生活环境，或者替用户消除了某些烦恼，总的来说就是产品能够带给消费者的好处。

11.1.2 从主播入手：寻找高商业价值的达人主播

主播的形象也会让用户"种草"，所以挑选主播很重要。选择主播可以从以下几点着手。

1. 主播的筛选

从一些基础的筛选标准上来了解主播的形象。主播也可以根据这些方向，主动让自己更加去贴近产品所需要的形象。下文将从 3 个方向来分析，帮助主播找到自己的形象风格，如图 11-2 所示。

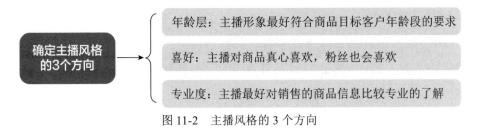

图 11-2 主播风格的 3 个方向

（1）年龄层

主播的年龄、形象要和所销售的商品及商品面向的消费者年龄段相符合，这样的话，在销售商品时，会达到非常好的宣传效果。例如：年轻的女主播可以在直播间推荐一些时尚化妆品、时尚首饰等；妈妈级别的主播推荐婴幼儿用品则会非常的合适；喜欢养生的中年主播则可以推荐一些茶具用品之类的产品。

这样的主播可以吸引同年龄层的粉丝，让他们对直播产生兴趣，对主播有亲近之感，使他们愿意在直播间停留。这样直播间就可以获得流量了，也因此而有机会提高商品的转化率。这也有利于主播对自己直播间的粉丝进行分类，从而根据粉丝群体精准推荐商品。

（2）喜好

喜好这个标准非常简单，就是主播自己对直播的商品怀着真心喜欢的心情。主播对商品的喜欢，自然会表现在面部表情和肢体行为上，而屏幕前的粉丝在观看直播的过程中，是可能对此全部吸收和察觉到的。

如果主播自己都不喜欢自己推荐的商品，那么也很难让粉丝去相信购买这件商品会给自己带来开心、喜悦的感受，这样对商品的转化率来说是不利的。

（3）专业度

主播自身的专业度也会影响货品的转化率。想要成为一个能够"种草"的主播，一定要掌握一些基础的产品知识，同时积极地学习商品的信息，这样在直播间面对粉丝提出的问题时，才不至于尴尬，也才能游刃有余地回应。

对商家提供的商品，主播更加需要去了解商品的功能卖点和价格卖点。功能卖点就是这件商品的优势和特点，而价格卖点则涵盖了商品的营销策略和价格优势等。

了解分析出商品的两大卖点，可以帮助主播在直播销售时更加吸引顾客并打动顾客的心。给用户留下好的印象，可以大大提高商品的转化率。学会挖掘用户的关注点，这是必须需要学会的。拥有可以展现个性的才艺以及正确的三观，只是成为一个合格的主播的标准。而想要成为一个有认知度、有发言权、有影响力的"种草"主播，学会挖掘粉丝的关注点才是关键。

2．主播的包装

在直播中包装自己，除了对内要丰富自身素养和对外要展现最好妆容外，还应该在宣传方面实现最美展现，也就是要注意宣传的图片和文字的展示。

先从图片方面来看，一般的直播图片用的是主播个人照片。而要想引人注目，则要找准一个完美的角度，更好地把直播主题内容与个人照片相结合，做到二者相得益彰。

主播的长相是天生的，但主播的宣传图片不同于视频，它是可以编辑和修改的。因此，如果主播的自然条件不那么引人注目，那么可以利用软件适当进行后期美化。

需要注意的是，在宣传和展现自己时，主播不能单纯只靠颜值，美丽只是展示自己、吸引粉丝关注的第一步，想要创造IP，还需要学会配合一些条件，将美貌与才华、正能量等结合在一起，这样才能发展得更长久。

当然，高颜值是相对的。在人的容貌既定的情况下，主播应该在3个方面加以努力来提高自身颜值，即保持最好的妆容、整洁得体的形象和最佳的精神面貌。针对以上提及的3种提高颜值的方式，下面一一进行介绍。

在直播平台上，不管是不是基于提高颜值的需要，化妆都是必需的。另外，主播想要在颜值上加分，那么化妆是一个切实可行的办法。相较于整容这类方法而言，化妆有着巨大的优势，具体如下：

- 从成本方面来看，化妆相对整容来说成本要低得多；
- 从技术方面来看，化妆所要掌握的技术难度也较低；
- 从后续方面来看，化妆所产生后遗症的风险比较低。

但是，主播的妆容也有需要注意的地方。比如在美妆类直播中，主播的妆容是为了更好地体现产品效果的，因而需要夸张一些，以便更好地衬托其效果。

在除美妆类直播之外的直播中，主播的妆容就应该考虑受众的观看心理。选择比较容易让人接受的而不是带给人绝对视觉冲击的妆容，是由直播平台的娱乐性特征决定的。

一般说来，用户选择观看直播，其主要目的是为了获得精神上的轻松，让自身心情愉悦，因而这些平台主播的妆容的第一要义也是唯一的要求就是让人赏心悦目，所以主播通常会选择与平台业务相符又能展现自身最好一面的妆容。

当然，主播的妆容还应该考虑自身的气质和形象，因为化妆本来就应该是为了更好地表现其气质，而不是为了化妆而化妆，为了化妆而损坏自身本来的形象气质更不可取。

主播的形象整洁得体，这是最基本的礼仪要求。除了上面提及的面部的化妆内容外，主播形象的整洁得体还应该从衣着和发型方面考虑。下面进行具体介绍。

从衣着上来说，主播应该考虑自身条件、相互关系和受众观感这3个方面，具体如图11-3所示。

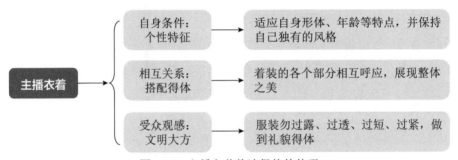

图11-3　主播衣着整洁得体的体现

从发型上来说，主播也应该选择适合自身的发型。如马尾，既可体现干练，又能适当地体现俏皮活泼，因此是一种比较适用的发型。

直播平台的主播以积极、乐观的态度来面对受众，充分展现其对生活的信心，也是能为其形象加分的。以认真、全心投入的态度来完成直播，也能让观众充分感受到主播的这一特质，进而因为欣赏主播的敬业之美而被"种草"。

11.1.3　从内容入手：直播形式内容制作形成"种草"

优质的直播内容，也会让粉丝对直播间"种草"。例如在5月21日当天，"淘宝女王"的直播间以全新的晚会形式进行直播，并每隔几分钟以优惠价5.21

元上架一次产品,如图11-4所示,只需要点击关注就可以进行抢购,这样的直播获得了众多网友的观看,并且提升了用户对直播间的好感,形成了内容"种草"。

图11-4　521感恩节

11.2 "网红经济":打造"网红产品"

在"网红经济"飞速发展的今天,"网红"市场已经越来越大。"网红产品""网红景点""网红店铺"等都是网红经济下的产物,那么如何打造"网红产品",参与"网红经济"呢?在本节中将为大家介绍一些实用方法,帮助店家以及主播更好地打造"网红产品"。

11.2.1 发展"网红"模式:减少边际成本

所谓边际成本,在经济学中,指每一单位新增的产品(生产或者购买的产品)带来的总成本的增量。一种产品生产的数量越多,商家所需要付出的边际成本也就越低。对于电商来说,降低边际成本,需要商家打响店铺的品牌，打造"网红产品"就是很好的打响店铺品牌、降低边际成本的方式。因此，在直播带货过程中，店家以及主播需要转变带货模式，发展"网红"模式。

11.2.2 外部KOL合作：高转化率直播间

在品牌用户数量达到一定的规模，拥有一定知名度的时候，引入外部的KOL进行合作。许多大的品牌，会寻找一些"网红"、明星加入直播间，进行带货。图11-5所示为某知名洗发水品牌邀请明星参与带货的直播间。

图11-5　某知名洗发水邀请明星参与带货的直播间

品牌的规模越大，所能邀请的"网红"、明星也就越多，在"网红产品"的打造上也就越简单。在进行关键意见领袖（Key Opinion Leader，KOL）引入时，品牌需要进行市场调研，了解哪些类型的KOL会更合适，并且列出想匹配的KOL名单，之后再准备合作方案，最后联系KOL或者"网红"所在的经纪公司，进行合作。

将KOL引入之后，为保证KOL的影响力，品牌需要对其进行包装、赋能。除此之外，还可以进行热点话题制造，提高KOL的影响力。

11.2.3 内部KOL孵化：低成本直播宣传

内部 KOL 孵化相对更适合刚开始做直播的店铺。内部孵化需要品牌方自行组织培训，提高和加强主播的带货能力。许多的大品牌也会采取内部 KOL 孵化的形式进行直播带货。图 11-6 所示为某直播美妆品牌采取内部 KOL 孵化的直播间，并且该主播已经积累到了一定的影响力。

图 11-6　内部 KOL 孵化

相比引入外部 KOL，内部 KOL 孵化的成本较低。在品牌发展前期，可能资金不是特别充裕，所以选择内部 KOL 孵化更适合。

内部 KOL 孵化前期最需要的是流量的积累，因此在直播带货时需要注意几个问题：首先是尽量选择竞争力较小的时间段进行直播；其次在主播的选择上，可以选择专业能力强的素人，例如在之前有过产品销售相关经验的，许多品牌的 KOL 都是在内部人员中进行选择的。

内部孵化的主播对品牌产品有一定的了解，可以更好地进行直播"种草"。另外，长相上拥有优势的人员也可以参与直播，利用其颜值进行"种草"。在许多直播间的弹幕中，可以看到粉丝对这些主播的喜爱的表达，并且在主播没有直播的时候，粉丝们还会询问，这也是内部 KOL 孵化成功的一种体现。

11.2.4 树立标签定位：加深产品印象

在转化模式之后，需要明确产品的标签和定位，即产品的形象要留在观众的脑海里。在直播带货过程中，主播需要利用标签或者打造标签，并且强化标签印象，让用户熟知该产品。

在广告营销中，许多广告文案的目的就是加深用户对品牌的印象。当该产品家喻户晓之后，就能成为一件"网红产品"，所以产品需要保持正面形象。

举例来说，2020年夏天流行的BM（"Brandy Melville"的简称）风的服饰，就是"网红产品"它的产品形象是上衣精短，不仅精致，而且能够凸显女性好身材。不仅有衣服，还有发圈、包包等，这些产品鲜明的BM风标签，给年轻女性们留下深刻印象，因而大受欢迎。图11-7所示为BM风格的包包。

图 11-7 BM 风格的包包

11.2.5 信号传递模型：吸引消费人群

在互联网十分发达的今天，成为"网红"并不困难，可能一个视频、一个动作、一件小事就能让人成为"网红"，但如何通过直播的内容向观众传达信息，让消费者选择购买却十分困难。

信号传递模型是经济学家迈克尔·斯宾塞的研究理论，本质上是动态不完全信息对策。比如在电商直播中，有两个参与者，一个是带货的直播，另一个是消费者。在直播过程中，主播先向消费者传递合适的信号，讲述产品的效果以及适用的人群，接收到信息的、有需求的消费者就会购买产品。图11-8所示为具有信号传递模型特征的直播间标题。

第11章 直播"种草":引导消费者决策

图11-8 具有信号传递模型特征的直播间标题

标题"618省钱攻略大公开",向消费者发出了省钱攻略的信号,消费者看到标题,就会接收到省钱的信息,正好有需求就会点击直播间。"都市女孩穿搭"的直播间标题传达的信息是"针对都市女孩",相匹配的用户看到之后就会点击直播间观看,最后下单。

11.2.6 打造消费场景:产品的场景化

所谓打造消费场景,即利用场景使产品在消费者头脑中形成印象,这样下次消费者在面对该场景的时候,就会想起这件产品。例如"怕上火,喝王老吉"的广告语,让用户在上火的时候,就会想起喝王老吉,这就是一个成功的场景营销的案例。同样成功的案例还有东鹏特饮的广告,采用"累了困了,喝东鹏特饮"的广告词,让人们在"困、累"场景的时候,就会想起该产品。

在直播中,主播可以尽可能地借用场景进行营销,并且场景应是生活中常见的。例如游泳或者下雨天都是生活中常见的场景,这时候给化妆品带货的主播就可以讲述该产品的防水性,让产品的"不脱妆"效果深入用户的心中,形成消费场景。

11.2.7 注重产品细节:细节决定成败

想要打造"网红产品",并不容易,店家需要在直播细节上进行把握。例如从直播间的封面、标题入手,选择与直播内容相关的封面,给用户造成强烈的视觉冲击,激发用户的好奇心,再利用恰当的产品标签或者人群标签,精准地获得目标人群,从而实现成功带货。

第 12 章

直播卖货：激发受众消费欲望

通过前 11 章内容的学习，大家了解了有关直播的各个方面。那么直播究竟如何卖货？在本章中，笔者将重点讲述直播卖货的方法和技巧，从优质货源、卖货技巧以及大咖分析这 3 个角度出发，让大家了解如何在直播中卖货，才能激发受众的消费欲望。

第12章 直播卖货：激发受众消费欲望

12.1 优质货源：高质量产品持续链接粉丝

对于从事直播销售的主播来说，展示产品这个环节非常关键。主播通过对产品的介绍，向观众和粉丝进行全方位的产品展示。例如服装直播，主播需要展示服装的风格、板型、材质、上身效果等情况，从而吸引顾客的注意力，使顾客产生购买的想法。图 12-1 所示为主播在直播间进行服装上身效果的展示。

图 12-1 主播在直播间进行服装展示

但是，想完成这个环节，除了主播的影响之外，最关键的作用因素是产品。产品作为直播销售中的主角，可以说它决定了直播间的生命长短。

例如在爱心助农计划之下，农产品电商化迅速发展，消费者对农产品的需求也与日俱增，从而促使一大批农业产业链迅速发展。图 12-2 所示为农产品供应基地。

251

图 12-2　农产品供应基地

虽然，农产品的供应基地在一定程度上保证了货源的充足，但是主播和机构想要进行优质的农产品带货，就需要对货源的质量严格把关。

和在网上购物一样，顾客虽然在直播间完成了对产品的下单。但是，当顾客收到产品后，如果产品的质量不符合自己心中所想，那么顾客极有可能再也不会有第二次购买的需求和想法了。图 12-3 所示为消费者的心理分析。

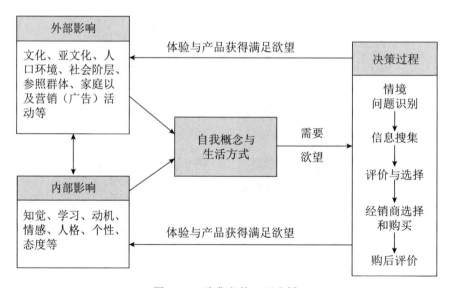

图 12-3　消费者的心理分析

这种一次性购买现象对商家的影响，不仅是使商家无法获得忠实的消费者，也可能由于消费者的差评，导致商家形象受损，影响更多消费者的判断，实在是不利于产品的销售。图 12-4 所示为用户购买的决策流程。

想让初次购物的消费者有复购的行为，想使普通消费者转变成忠实消费者，关键之处在于，商家所提供的商品可以让消费者满意、喜欢。

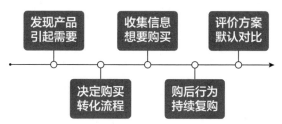

图 12-4 用户购买的决策流程

现代消费者常常有一种习惯性的购买行为，简单来说就是，消费者在多次购买后会形成习惯性的反应，即当他在选择某种产品时，总是会倾向于选择曾经购买过的产品。这表明，只要产品让顾客有依赖感、信任感，顾客再次下单的概率就非常大。

现在大众，尤其是居住在大城市的消费人群，对原生态的农产品的需求是非常庞大的。大众心中对原生态的农副产品的质量也更加信任，尤其是在山上放养的家禽。

由于这种需求长期且大规模存在，因此如果从事农产品带货的主播的货源好，产品质量有保证，可以满足消费者的日常生活需求，那么消费者出于习惯和信任心理，在关注主播直播间后，就很容易在同一直播间购买产品，甚至愿意无条件地跟着主播买买买。

12.1.1 商品受众用户分析：提高产品精准度

主播在直播带货前，首先要对商品的基本情况进行分析，确保货源的质量，了解商品的受众群体才可以进行下一步行动。这样可以保证主播在后续的销售工作中，能够获得经济效益。除此之外，只有找到自己的受众用户，才可以对他们进行系统、详细的分析。

只有有针对性地对受众群体进行产品的介绍、推销工作，才能切中用户的需求，让用户产生购买的行为，从而提高商品成交率。接下来笔者将向各位读者讲述，如何通过对商品受众用户进行相关信息的了解，寻找匹配的货源。

要学会从粉丝的年龄段来判断他们的关注点、分析他们的购物心理，这样我们在选择货源时，就可以有针对性地选择适合他们的产品。图 12-5 所示为主播在直播间展示的风格是与其粉丝群体的审美风格相符的。

第一张图风格更加正式、沉稳，并且销售的是按摩类产品，说明其面向的人群主要是长期久坐的上班族或者中老年人；第二张图风格更为活泼、时尚，并且带货的主播也是年轻时尚的女性，可以看出其产品受众也是时尚、追求设计的都市女性。

不同的消费者，有着不同的信息关注点，进直播间的观众，其性别、年龄、需求点都可能存在不同之处，他们对产品的关注重心自然也会不一样。同样一件产品，年轻女性可能会看重它的美观性、精致感，而年纪较大的女性可能会更加关注产品的实用性。

图 12-5　直播间风格所针对不同的人群

12.1.2　商品本身特点分析：提升产品销售量

如何提高粉丝的黏度，一直是机构和主播非常关心的一点。在直播平台上，有无数的直播间可供消费者去点击、观看。同理，服装直播间的粉丝一样拥有着绝对的选择权和去留权。

因此，直播间不仅需要靠主播的个人魅力去吸引、留住粉丝，也需要通过商品来打动、留住粉丝的心。而对于这些有消费需求和消费能力的粉丝来说，商品的质量款式和价格最牵动她们的注意力。如何吸引粉丝，提高粉丝黏性？

主播在选择商品的时候，最好可以学会自主选品。因为只有选的商品合适，才能保证它的销售情况和转化率。至于主播如何掌握选品技巧，可以根据下文所提供的两个要点来了解。

（1）了解选品原则，进行选品工作

选品实际上是为平台匹配的用户选品。在找到精准的受众群体后，需要根据受众群体的需求来选品。

它要求主播在推销一款产品前，需要对产品有基本的了解，判断市场的需求，了解这件商品的需求空间以及需求量，根据市场的需求来选择带货产品。

带货产品一般按照两个原则进行选择：第一，主播自己要喜欢，只有主播自己喜欢的才能更好地向粉丝们推荐；第二，根据主播的身份来选品。

如果主播的身份是一个妈妈，那么她推荐的产品会偏向实用性，例如进行家电类产品的直播带货，可以选择对于每个家庭都实用的智能家电，并且带货品牌也会尽可能是成熟的大品牌。如果主播的身份是一个爱好健身的运动达人，那么可以利用其自身的身材优势进行运动产品的带货，同时也可以身着运动品牌的服饰，顺便进行运动产品的带货。图 12-6 所示为运动产品的直播间。

图 12-6　运动产品的直播间

带货主播的身份如果是一名体态较为圆润的"吃播"自媒体人，那么他也可以进行零食类产品的带货直播。

直播间是一个现场购买的场景，主播的亲身体验是促成交易的最重要因素，所以主播在进行商品选品的时候，最好结合自身的喜好和适合的方向。

（2）分析商品特色，培养选品思路

在选品技巧方面，如何确立起选品思路是一个关键点，只有确立起好的选品思路，才能让自己在选品的过程中，更加便捷、快速地进行商品的选择，同时还能保证选择的商品能够有一定的消费市场。从以下3个方面确立带货选品思路。

第一，从普通商品中找突出、特色的商品。

从普通产品里找出特色产品，就是找出比普通商品更加有特色的商品。例如牙刷，这是非常普通的日常生活用品，没有什么特别之处，也找不出什么特别的花样。但是现在，它也可以以新的模样出现在大众的选择中。

电动牙刷就是其中一种改变，通过电动机芯即可快速震动或者旋转帮助消费者自动刷牙，不仅清洁得更干净，还能为消费者进行口腔按摩。

第二，寻找有特定用途的商品。

特定用途的商品，表明它是有明确的目标用途。消费者购买这种产品时，更注重它的功能性。比如塑型内衣，就是一种有特定用途和功能的商品。

第三，了解商品本身的利润情况。

对于商家和主播来说，直播带货必然涉及产品的利润。主播进行直播，就是希望获得较大的经济价值。在选品时，如果不对商品的利润情况进行分析，那么很容易导致的情况就是，主播付出了极大的精力去卖货，结果利润微薄，甚至需要倒贴。对这样的商品，即使它再适合自己的粉丝群体，我们也需要慎重考虑。服装和美妆产品是直播带货最热门的两大类，服装类的带货主播可以从以下两个方面对产品进行选择。

①商品款式市场风向。由于服装行业发展迅速，大众对服装款式、风格喜好的更新速度也越来越快。有些款式，在上个月代表了流行趋势，引发众人购买，非常畅销；但是这个月，这个款式很可能就已经落伍，没有人愿意去购买了。

对于快销服装品牌来说，需要时刻保持服装款式的新颖、流行化，而对于服装主播来说，虽然也需要时刻保持服装的新颖和流行，但是也需要考虑服装市场的风向。

了解服装市场风向，主播才可以满足顾客、粉丝的需求。同时，主播也能避免风险，即好不容易得到一批优质的服装，准备好好在直播间向观众、粉丝介绍推荐时，它们却已经不再流行，无法吸引粉丝来购买，只能低价出售或者留在仓库里，成为滞销货。

②商品市场容量分析。市场容量，指的是在一段时间内、在特定区域市场中、在消费者有购买力支撑的情况下，对某种商品的现实和潜在的市场总需求量。

主播在推销一款服装前，需要了解这款服装的市场需求空间以及需求量，根据市场容量来进行服装的选择，才可能有不错的销售额。

如果市面上同类型的服装设计、风格已经饱和，到处都有在卖这款服装的商家，那么此时主播再跟着推销这款服装，就会面临两大风险：第一，竞争太大，无法达到理想的销售额；第二，这款服装已经不能再刺激消费者购买，服装难以再卖出去。

12.2 卖货技巧：帮助打造高转化率直播间

直播是一种动态的试听过程，与传统的电商相比，电商直播可以在直播时呈现产品，更有利于展现产品的真实性以及使用细节，帮助用户更好地了解产品的使用，更有利于实现商品的价值交换。

直播最大的价值就是吸引用户的注意力，留住用户，从而使得带货量更高。总而言之，直播只是带货的一种方式和手段。

相比传统的电商销售，在直播的过程中，用户的关注度会更高。直播的画面也较传统的电商商品菜单更为形象、更为生动，且在直播间内，不会受到其他同类商品的影响，因此直播带货的商品转化率比传统的电商购买转化率更高，这也是直播带货流行的原因之一。那么在众多直播间中，如何成为转化率高的直播间呢？在本节中，笔者将分享3小点卖货技巧，帮助主播打造高销量直播间。

12.2.1 亲密联系：主播成为粉丝的朋友或私人购物助手

在直播营销过程中，如果只是主播一直在介绍产品，那么用户肯定会觉得枯燥无味，继而离开直播间，甚至会取消对主播的关注。这时，就应该大力发扬直播平台本身的交互优势，主播一定要及时与用户互动，这样才会带动用户参与，增强用户的参与感。比如在展示商品的同时，与观看者进行交流沟通，及时回应用户提出的问题。

用户在直播中获得了自己想知道的信息，大大增强了参与感，已经不能和单纯的观看直播相提并论，这也使得直播营销的业绩不断提升。

在直播营销中，不仅有主播与用户的互动，也有用户与用户之间的互动。比如用户之间用弹幕进行交流，谈论产品的性价比等。

用户在进行交流的同时，会产生一种从众心理，从而提高购买率。因此在直播时，直播的界面上会时不时弹出"某某正在去买"这样的字眼，如图 12-7 所示。其目的就在于利用用户的从众心理，吸引他们去购买产品。

图 12-7　直播界面弹出"某某正在去买"

12.2.2　解决痛点：给观众一个"不得不买的理由"

痛点就是消费者急需解决的问题，没有解决痛点，消费者就会很痛苦。消费者为了解决自己的痛点，一定会主动地去寻求解决办法。研究显示，每个人在面对自己的痛点时，是最有行动效率的。

大部分消费者之所以进入直播间，是因为他在一定程度上对产品有需求。

即使当时的购买欲望不强烈，主播也完全可以通过抓住消费者的痛点，让购买欲望不强烈的消费者下单。许多用户都面临脱发的烦恼，某洗发水品牌就紧抓住了这一点，开设了防脱发的直播间，如图12-8所示。

图12-8　抓住脱发重点开设的直播间

找准消费者的痛点，从消费者的痛点切入，消费者就会主动去采取能够解决自身痛点的办法。这时，他们极有可能就会向主播寻求解决痛点问题的方法。主播可以通过解决观众、粉丝的痛点，让他们产生一定要拥有这个产品的想法。图12-9所示为消费者人群特征和消费者行为分析。

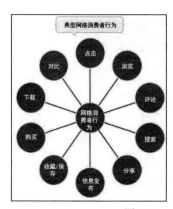 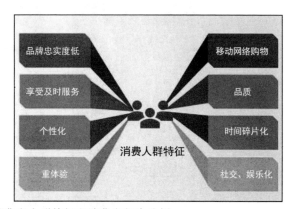

图12-9　消费者人群特征和消费者行为分析

12.2.3　介绍产品：直播带货卖点突出展现专业能力

在直播营销中，既要抓住产品的特点，又要抓住当下的热点，两者相结合才能产生最佳的市场效果，打造出传播广泛的直播。

例如在 5 月 20 日，各大商家紧紧抓住相关热点，再结合自家产品的特点进行了别具特色的直播。一个家电专卖京东自营店的直播紧密围绕"告白"这一热点来制作，其主题就是"为爱放价，心动来电"。

在直播中，主播通过聊恋爱、告白的话题与用户互动，同时几句话都不离自家的家电产品，极力推销优势产品。

所以，直播只要能够将产品特色与时下热点相结合，就能让用户既对直播痴迷无比，又能使用户被产品吸引，从而产生购买的欲望。

除了抓住热点，主播还需要对自己推荐的商品有足够专业的了解，了解自己在卖什么。主播只有掌握商品的相关信息，才不会在直播过程中出现没话可说的局面。

例如，服装类商品的主播应熟悉最近的流行搭配和流行颜色，了解一下美妆护肤的知识也是很好的，这样有助于提升自己的才气和人气，赢得观众、粉丝的青睐。做美妆带货的主播，除了需要掌握产品的特点以外，还需要了解一些化妆技巧。口红一哥甚至专门开设了化妆技巧的带货直播间，如图 12-10 所示。

图 12-10　口红一哥化妆技巧直播间

12.3 大咖分析：学习借鉴热门主播常用技巧

这一节中将介绍一些热门带货主播常用的带货技巧，以供大家参考。

12.3.1 激情直播：全程保持亢奋状态

优秀的直播销售主播，实际上就是一个优秀的推销员。而作为一个直播商品推销员，最关键的目标就是获得观众，从而让直播间商品的转化率爆发。

如果不能提高直播间的转化率，就算主播每天夜以继日的开播，也很难得到满意的结果。主播的情绪对转化率有着非常重要的影响。主播要明白，直播销售的性质决定了它不是一个娱乐性工作，只有可以带货的主播才是这个行业需要的主播。

要想成为大主播，就先得让自己成为一个优秀的推销员，在给观众、粉丝讲解商品的时候，要声情并茂，而不是冷冷淡淡、面无表情。要明白，主播的情绪是会影响商品转化率的，没有好情绪，就不会有好的转化。

在直播销售中，粉丝和主播之间由商品和主播自身魅力这一强有力的纽带来连接，而信任则是连接的韧度，连接韧度的强弱由粉丝对主播的忠诚度决定。如果敏感型的主播一直不能进行自我的情绪管理，那么就很容易在与粉丝的相处过程中，消磨、丧失粉丝对自己的信任感和忠诚度。图12-11所示为情绪维度分析。

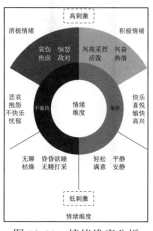

图12-11 情绪维度分析

在直播时，主播需要时刻展现出积极向上的状态，这样可以感染每一个进入直播间的顾客和粉丝，同时也有利于树立起主播积极的形象。

如果主播自己的状态低沉，情绪不佳，就很难去吸引正在观看直播的顾客和粉丝来购买自己推荐的商品，甚至会导致他们退出直播间，去其他的直播间观看直播。所以这类主播的行为无疑是在减少自己的粉丝数量。

另外，主播也可以根据不同类型的顾客，来管理自己的情绪。了解那些进入直播间观看直播的粉丝类型，根据不同的粉丝类型，有针对性地与他们进行沟通和互动，这样可以更加有效地得到想要的效果。

在直播中，主播常常会碰到各种类型的顾客。这些顾客在看待事情的角度、立场上常常是截然不同的，这就要求主播在带货过程中，有针对性地去引导他们。图12-12所示为进入直播间的顾客类型。

顾客类型
- 铁杆粉丝：发自内心地维护主播，同时自己也会主动在直播间营造氛围
- 购物者：注重自我的需求，在直播间更倾向于关心商品的质量和价格
- 娱乐者：忠诚度和购买力较低，部分人员素质低下，喜欢抬杠、骂人

图12-12　直播间里的顾客类型

在面对自己的铁杆粉丝时，主播的情绪管理可以不用太苛刻，适当地向他们表达自己的烦恼，宣泄一点压力，反而会更好地拉近和他们之间的关系。

至于购物者类型的顾客，他们一般以自我需求为出发点，很少会看重主播的人设或其他，而只关心商品和价格以及质量。面对这种类型顾客，主播需要展现出积极主动的一面，解决他们的问题，同时要诚恳地介绍商品。

娱乐者类型的顾客中常常会出现部分素质较低的观众，他们可能以宣泄自己的负面情绪为主，会在直播间和主播抬杠，并且以此为乐。主播如果进行自我情绪管理，对他们表示忍让，多半会无济于事，这时主播就可以在向其他粉丝表示歉意后，请场控帮忙处理。

12.3.2　饥饿营销：制造购买的紧迫感

我们常常能看到一些主播在快手、抖音以及淘宝等平台都运用过饥饿营销的方式进行直播，但在实际的操作过程中，并不是每一位主播都能达到理

想的效果。在本节中，笔者将从3个方面，由浅至深地向大家详细介绍使用这种方式的技巧。

1. 制造稀缺感

饥饿营销的第一步就是利用人的稀缺心理制造稀缺感。往往机会越难得、价值越高的产品，其吸引力就越大。

那么在直播营销过程中，主播们应该怎么做，才能制造出这种稀缺感呢？下面笔者做出一种假设。

当一种商品的库存为500件，观看直播的人数为1 000人时，A主播宣布秒杀时间为10分钟，并告诉观众们该商品的库存为500件；B主播同样给观众10分钟时间进行秒杀，但告诉观众们商品库存只有100件。

在相同的时间里，试问哪位主播的营销效果会更好呢？肯定是B主播。因为产品的限量供应，可以提高消费者为对产品的价值感知，产生一种"买到就是赚到"的感觉。

这是比较常见且大部分人都了解的一种饥饿营销法。

2. 先充足再稀缺

制造了稀缺感，营销还没有结束。因为我们作为电商，在营销时，应该知道，当产品由充足变得稀缺的时候，消费者会产生一种产品一直稀缺的感觉，此时观众的反应会更积极。在此，笔者依旧做一个假设。

当一种商品的库存为500件，观看直播的人数为1 000人时，A主播宣布秒杀时间为10分钟，并告诉观众们商品只有100件库存。那么在这种情况下，观众们的心理状态是一直都很紧张的。而B主播先告诉观众们产品的库存为500件，当放上购买链接之后，突然告诉大家，库存只剩下不到100件了。此时，还在犹豫和观望的观众的购买欲就会马上被激发出来，迅速作出购买决定。

由此可见，和一直稀缺的产品相比，先充足再稀缺的产品会更具有吸引力。这种营销方式会使产品价值变得更高。

3. 由争夺引起的稀缺

除了以上两种营销方式之外，还有第三种制造稀缺感的方式，即引起争夺来制造稀缺感，具体操作方法如下。

同样假设一种商品的库存为500件，观看直播的人数为1 000人。

A主播将产品上架一分钟后迅速下架，此时会有观众反馈"没抢到""卖完了"。于是主播在直播间与商家沟通，商家一开始会拒绝加量，在主播再三争取之后，再将商品重新上架销售。

B主播与A主播进行一样的操作，开卖一分钟之后下架商品，随后告知观众产品已经售空，没抢到的评论"1"，然后再将产品重新上架。

在上述两种情况中，很明显主播A的营销方式效果会更好。因为在限量销售的背后，主播还营造了一种"这个价格来之不易，过了这个村就没这个店"的感觉，使得观众们在争夺中抢到商品，达到了很好的营销效果。如果在一场营销中，只有限量，却没有设计出观众们互相争抢的氛围，其营销效果往往不会太好。这便是饥饿营销的最后一步，同时也是饥饿营销的真正含义。

消费者们往往会吃饥饿营销这一套。此外，对于主播和企业来说，利用稀缺内容还可以提升直播间的人气，增加曝光的机会。

当然，不管是用哪种营销方式，产品的性价比是第一位的。以上3种饥饿营销的方式因情况不同，营销的效果也会不同。主播与企业在使用饥饿营销时需根据自己的实际情况灵活运用，找到最适合自己直播间的方式，不能生搬硬套。

12.3.3 比较差价：强调你的价格优势

"没有对比就没有伤害"，消费者在购买商品时都喜欢"货比三家"，最后选择性价比更高的商品。但是很多时候，消费者会因为不够专业而无法辨认产品的优劣。因此，主播在直播中需要通过与竞品进行对比，从专业的角度，向买家展示差异，以展现自家产品的优势，提高产品的说服力。

对比差价在直播中是一种高效的营销方法，它可以带动气氛，激发用户购买的欲望。产品质量相同，价格更优惠的直播间销量一定高。这种对比最常见的是大牌店铺的直播，将直播间的价格与线下实体店铺的价格进行比较。

12.3.4 直播复盘：突破直播能力法宝

在直播结束之后，主播一定要进行直播复盘。所谓直播复盘，指当直播结束之后，再回放一遍自己的直播。许多主播认为直播结束之后事情就结束了，这样的方式不利于主播直播能力的提高。

一些直播大咖，例如"淘宝女王"，在每次直播之后都会进行直播复盘，将自己的直播从头到尾都看一遍，对其中的表现进行总结。

那么如何进行直播复盘呢？笔者为大家提供了以下一些直播复盘的步骤方法，供主播们参考。

第一步：确定数据分析目标

对数据进行分析，可以帮助你找到直播间数据发生波动的原因。这样，即使事后才发现直播时的错误，你至少还可以制作直播间的数据模型，及时调整直播带货的措施。

直播间的数据流量变化还可以帮助主播了解直播中高流量产生的原因，例如直播平台的推送、产品的精准受众等。记下其产生的原因，有助于主播实现带货能力的突破。

第二步：直播复盘经验总结

主播进行直播复盘，是站在观众的角度对直播进行回顾，这样做有利于主播发现适合自身的直播方式，也更有利于理解受众的感受。

复盘还有利于主播总结自身在直播中所犯的错误，从而对下一次直播进行优化。通过直播复盘，不断积累直播的经验，将经验转化为个人的能力，是主播实现直播带货能力不断提高和突破的有效途径。